更級悠哉
Sarashima Yuya

幕末・明治の外交交渉と外国人

近代日本の黎明

青山ライフ出版

序　章

二〇二〇年、日本政府は七月の東京オリンピックを催事の中核にして、成田・羽田・茨城の関東圏国際空港他全国に数十の空港を整備、入国する海外旅行客四千万人を見込んでいた。それが四月になると政府は緊急事態宣言を発し、諸外国への出入国を厳しく禁止した。オリンピックも延期である。ここに幕末以前のような鎖国状態が復活した。

中国武漢で発生し、欧米やアフリカなどほぼ全世界に蔓延した、致死率の高いコロナウイルスの日本侵入を防ぐためである。グローバルに億を遥かに超える人間が絶えず往来している二一世紀のこの時に、鎖国をしたのは日本だけではなかった。ローマ・パリ・ロンドン・ニューヨーク等主要都市は全て封鎖された。世界は連動して、開国と鎖国の歴史を繰り返してきた。

翌二一年一月緊急事態が再宣言された。武漢ウイルスがロンドンウイルスに変種し、感染者が急増、鎖国の一部解除から再び出入国禁止になった。感染者は全世界で一億人以上、死者は三百万人以上をもたらした、後世に残るパンデミックと鎖国になる。

この書は、日本史とは世界史の一部であり世界と連動しているとの筆者の思いから執筆した。人間は国境なく移動・移民し繁栄することは人類誕生以来本質的なもので、鎖国はそれに反するといえる。

閉鎖的社会であった日本の国際化に貢献してくれたにも関わらず、準主役にもされなかった外国人たちにも注目した。米国人はマシュー・ペリーとタウンゼント・ハリス、英国人はウイリアム・アダムズ、ラザフォード・オールコック、ハリー・パークス、アーネスト・サトウ、ウイリアム・ウィリスとトーマス・グラバー、仏国人はレオン・ロッシュ、独国人はズィーボルト親子、墺国人はハインリヒ・クーデンホーフなどがいた。彼らの日本人妻達は内助の功を発揮し、外交官達を親日にして日本近代化に活躍させた。

激動の時代には安らぎが求められる。そこに女性が活躍する場がある。満六歳を過ぎたばかりの津田梅子達海外女子留学生や、秘境のような蝦夷地や東北の神秘さを旅行記で欧米に紹介し、外国人観光客誘致の先駆けになったイザベラ・バードなどである。彼女たちがいなかったら日本は未開発国家のまま外国人に関心をもたれず、開国したにも関わらず外国人の渡日はなく、欧米との交流も深まらなかった。

他方、トーマス・グラバーの支援を得て長州藩士伊藤博文以下五名と薩摩藩士は十九名も、ロンドン大学群の一校である名門ユニバーシティー・カレッジ・ロンドンで学んだことは英語だけでなくロンドンの国会や鉄道馬車の交通網、欧州の金融を扱うシティや証券取引所、繊維産業他諸工業が発展している国家を目撃した。それは鎖国したまま大きく遅れた農業国家日本を開国し、どう近代国家にするのか、強い焦燥感にかられ改革は急務と思ったはずである。木戸孝允もアーネスト・サトウ公使から版籍奉還に対する藩主たちの抵抗緩和措置をヒアリングした。徳川慶喜も将軍制度廃止後の国家体制として大統領制をロッシュ公使に尋ね、変革しようとした。

他方、隣に位置するアジア最大国家清は、僅か数隻の英国軍艦と千名程度の陸戦隊に破れ、香港・上海・天津等の重要港を開港させられた。開港とは、単なる荒天時の避難港や水・食料・石炭等の補給ではない。英国を始め欧州諸国が達成した産業革命の結果、大量生産された商品の売り込みを無制限に認めさせ、開国させた国の富を奪うことにある。

清国と異なり領土割譲やアヘン流入を防いだことは、幕府外交官たちの大きな成果であることも明記した。他方それに連動していた、諸外国との外交関係や日本の国益確保はどうなっていたのかも知る必要があろう。

次に明治維新を検証してみた。仏国市民革命・英国名誉革命に続く世界の三大革命と喧伝する人もいたが、明治維新はどうみても市民（豪商・豪農や町人）参加の革命ではなく、薩長等の武士階級による、政権争奪戦であり、それを欧州型の市民革命などと美化してはならないと考える。

明治政府は近代国家を目指したが、民主国家にはせず、シビリアンコントロールがない立憲君主国家としたことは、君主の天皇のご信任を戴いているから口出し無用という軍の暴走や官尊民卑の弊害に留まらず、七十七年後の日本を破滅寸前にまで追い込む原因になった。

討幕に成功した新政府軍の裏面も隠してはならない。明治新政府に都合が悪い人々、江藤新平・大村益次郎、坂本竜馬、西郷隆盛・佐久間象山・小栗忠順他何人もの反政府や反薩長的実力者を暗殺、自死又は刑死させた事実をどう見るか。孝明天皇と徳川家茂将軍の公武の両トップが若年で急死したことにも不自然さがあった。

薩長連合軍は刀や弓矢の戦いをせず、英国グラバー商会などから購入しミニエー銃やアームストロング砲などの火力（fire power）で幕府軍を極めて短期間で制圧できたのは、外国商人の武器大量密売による。討幕とは薩長連合による権力闘争だったことは、司馬遼太郎氏の明治維新シリーズのご著作に良く書かれている。しかし、氏が詳しくは書かれなかった諸外国との外交関係と諸条約の中身、更に外国人たちの貢献もこの書で明らかにする。

仏国大統領ナポレオン三世は義理の祖父ナポレオン一世が欧州の英雄と日本で崇拝されていると聞き、将軍徳川慶喜に仏陸軍元帥ナポレオン三世の軍服を献上、それを大いに気に入った慶喜は、ナポレオンが育てた仏国軍が世界最強と信じた。幕府軍が薩長を撃滅する為に仏陸軍顧問団に近代戦の指導を受け、幕府の旗本以下約一万の精強な武士団を再編するが、最高司令官の慶喜が真っ先に逃亡しては勝てるわけがなかった。

しかしトップが最高司令部の江戸城から逃亡しても、幕臣小栗忠順は日本に急ぎ必要な軍艦の国産化のため、幕府の金庫を空にして、横須賀に製鉄所と造船所を設立、フランス人造船官を招致し、幕府でなく次代の為に、軍艦建造の道を開いた。

ナポレオン三世は、欧州の蚕種が病気でほぼ全滅し、欧州の大市場で暴騰した絹糸の買い付けに日本産に目を付け、日本の絹製品産業の育成に支援、大いに稼いだ結果、日本に軍艦が買える財力ができた。

ナポレオンの勅命を受けたロッシュは駐日公使として慶喜将軍や幕府の高級役人と人脈を築いたが、仏国は普国（プロシャ）との戦争準備に追われ、日本に大遠征軍を派兵する余裕はなかった。

仏に替わり欧州の覇権を握ったのは英国である。その英国が七つの海を支配し日の沈まぬ国に繁栄するきっかけは何であったのか。

ロンドン大学で博士号を取得したポールモーリア教授によれば、ブリテンで始まった人口爆発は、ブリテンへの広範囲のヨーロッパからの移民の広がりが産業革命の人的資源となり、世界を支配する（注①）。

この爆発的な人口増加は、戦略的資源として大規模な軍隊とそれを支える諸産業、それらが織りなす国家経済を大発展させた。米国も急速に産業革命できたことが、日本に巨額の資金を費やして艦隊を日本に派遣できた理由になろう。見方をかえればＧＤＰを大きくさせる人口爆発と産業革命のコラボレーションが世界の覇者になる要素になった。

　幕末・明治史を通史として見ると不思議な事がある。その始まりは、砲艦外交を以て日米和親条約と通商条約で開国させ、先取り特権として通商を独占するはずであった米国が傍観者となり、英国が主役に替わった経緯は何があったのか。

　日本人の歴史感覚は通史として理解することに疎く、因果関係やそれをエビデンスで検証する力も弱い。事件単位で暗記する歴史教育であったことも、その原因かも知れない。

　そして忘れてならない事は、英国が国益確保はさておき、日本の医学や鉄道等の近代化を進め、欧州に日本美術を紹介してくれたことと、軍事力はなくても条約により日本の国益を守ろうとした幕府の官僚達である。その国家存亡を賭けた時に、反幕府勢力の薩長は何をしてきたか。ひたすら考え実行したことは攘夷と要人テロや武器大量密買による討幕クーデターではなかったか。

　幕末まで、西洋との外交は日本と独占貿易をしてきた蘭国一国であった。そこには砲艦外交を巧みにそらす、パワーバランス的外交術を磨く機会はなかったとは思うが、幕府の官僚達は英米仏露蘭が一枚岩にならないよう、必死に情勢を探り、米国の望厦条約やロシアの曖軍条約などを詳しく調べていたことも評価して良い。

　それが日米和親条約正本に日本側全権委員は署名せず、蘭語と日本語の副本に署名するという離れ業を見せた。幕府は清国とは違うぞと、ささやかな抵抗をみせ、日本を侮らせなかった。さらに日本は領事駐在の必要を認めないと時間稼ぎをして、ペリー艦隊に対抗できる軍艦を蘭国から買い付けようとしたが、蘭国は米国と同じ条約締結を要求、認めなければ軍艦の提供はしないと回答した。半ば同盟国と信じていた蘭国の実態を見た。

各国との和親条約に基づき、横浜に続々領事館が設置され外国人が急増し、近郊の村に異人が徘徊していると公家から内奏された、孝明天皇は幕府に攘夷を勅諭する。一旦開国した幕府は薩長等に外国人を排斥せよ、と朝令暮改をした。天皇の強い御意志とはいえ、真逆の攘夷・鎖港に逆戻りしたのである。これが開国後、右往左往して明治維新まで十四年も要した原因になる。

薩摩藩は、生麦事件賠償拒否の報復として英国艦隊から鹿児島城下を砲撃され、長州も馬関戦争で英仏蘭米四国連合艦隊と交戦、下関に砲火を浴び大敗した。外国の軍事力を見て、攘夷など不可能なことを実感させられた。この時遅滞なく停戦できて日本に幸いしたのは、英国と仏国はクリミア戦争があり、両国は尻に火がつき戦艦も輸送艦も増派できなかった。米国は南北戦争により艦隊を本国に戻らせている間に、クリミア戦争に勝利した英国が対日外交団の主役に替わる。ここにも日本史は、世界史の中で見るべきことがわかる。

もし、英米仏が大艦隊と陸戦隊を増派して来たら、大連合軍は横浜在住外国人保護を口実に横浜に上陸、国家予算の十倍以上となる巨額の賠償を請求され、それが完済されるまで、横浜周辺などは保証占領されていたであろう。

主役となった英国は目立たぬように討幕藩を支援していく。英国公使通訳からインテリジェントオフィサー（情報分析官）に引き上げられたアーネスト・サトウは一八六六年三月横浜外国人居留地で発行されていた英字新聞「Japan Times」に記事を投稿した。〝日本の主権者は徳川将軍ではなく、天皇であるとの外交官の見解は「英国策論」として、内外に大きく反響した。当時の英国は世界最強国家であり、その外交官の意見は諸藩の藩主達に幕府権力の正当性に大きな疑問を抱かせ、討幕に影響を与えた。

翌一八六七年十一月（慶応三年十月）幕府第十五代将軍徳川慶喜は、大政奉還を睦仁天皇に奏上、天皇がこれを勅許したことにより、名実ともに日本の主権者は天皇になった。

ここまでを要約したい。一八五三年の日米和親条約の時点では尊王攘夷ではあるが、それは内政も外交も幕府に任せるもので、徳川幕府を倒す反政府活動ではなかった。

ところが、尊王攘夷は尊王討幕に変わる。何故変わったのか。薩摩と長州の大藩でも完敗したのに三百もある小さな諸藩が英米に潰されていくことに気が付いた。中央集権国家となり、国軍を編成し統一運用することが急務になった。鳥羽伏見で大敗し役に立たないことが実証された徳川一族のような幕府軍を潰し、国家統一軍の創設こそが肝心と痛感し、それが明治政府に引き継がれた。

強力な軍の整備には巨額なカネが必要になる。農業国家の米経済では軍艦は買えない。貿易による大きな利益が必要になる。欧州の小国家にして工業がなかった蘭国がはるか極東にまで進出できたのも、貿易により巨富を得たからである。日本も炭鉱資源、製鉄所、造船所、鉄道等のインフラを構築し、工業を育てなければならない。

これから、その流れを詳しくみていきたい。

なお、序章の締めくくりに読者各位にお断りさせていただくが、この書は注釈に記した文献に準拠し、荒唐無稽本ではないが一部は筆者の想いをこめたフィクションになる。

◎序章　注釈

注①「人口で語る世界史」ポール　モーランド著　Ｐ５３

ブリテンで始まったことが、全世界を巻き込んで国から国へ、大陸から大陸へと広がってその土地の根底を揺るがせた。人口爆発によって、まずブリテンから移り住んだ人々、そしてもっと広範囲のヨーロッパからの移民が世界を支配するようになった。

目次

第四章　和親条約から十四年を要した討幕……133

第一章　日本の鎖国前の対外情勢

鎖国前の対外関係

一五四三年八月、近世日本に遠く離れた欧州から最初の進出は、ポルトガル人の種子島上陸である。続いたのは、イスパニア（以下スペイン）人になる。欧州からこの二ヶ国の日本来着には必然性があった。カトリックがその教義を以て世界制覇を目論んでいた。教皇はカトリックの信仰厚い強国にして航海技術もある、スペインとポルトガルが戦い共倒れにならぬよう、世界を二分割して支配させようと縄張りを決めた。デマルカシオン（教皇分界線、西語の Demarcación である。日本史は世界史の一部になるから、その連動を見ることから始めたい。

一四九四年デマルカシオンの具体的取り決めとして、教皇はスペインとポルトガルにトルデシリアス条約（西語：Tratado de Tordesillas）を締結させた。ブラジルの上にある大西洋の西経四六度で東西に分割し、東半球をポルトガル、西半球をスペインに征服させカトリックによる世界制覇を目論んだ。四六度から西に向かったスペインは、条約発効の二年前の一四九二年にスペイン女王の財政支援を得てコロンブスがアメリカ大陸を発見、続いてメキシコ湾を西走し中南米の征服にとりかかる。

ポルトガルは大船団を組み、四六度から南下し一五〇〇年にはブラジルを植民地として奴隷を使いサトウキビの栽培から植民地経営を始めた。続いて喜望峰（Cabo da Boa Esperança）に港を設営、イスラムの海賊を避けながらマダガスカルからインドのゴア、マラッカ、澳門と侵略を進めてゆく。その拠点整備や植民地プランテーションに労力として供給したのが、喜望峰の北に位置する奴隷海岸（Slave Coast、現在のナイジェリア西部）などで捕獲したアフリカ人奴隷である。

西洋史はキリスト教なしには語れない。日本もまた、キリスト教に翻弄されてきたことは無視できない。カトリックの二大強国が領土を拡大してゆくとき、オランダ（以下蘭国）はスペインの隙をみて独立し、英国とプロテスタント連合を組みカトリックに対抗する。カトリック教皇は北部ドイツのプロテスタントも気がかりであった。カトリックから独立したプロテスタントは和解することなく強固な意志で三十年もカトリックと戦争を続け、終結したのは一六四八年である。カトリックとプロテスタントの争いは日本にも飛び火して、長崎や島原でポルトガル・スペイン連合対英国・蘭国連合の紛争になるが、そのことは後述する。

教皇分界線を起点に、よーいドン！で西と東に向かったがどんどん東西に進出してゆくと、地球は丸いから一周して振り出しに戻ってしまう。その対処としてローマ教皇アレクサンドル六世は、スタートラインの対極線を考えアジア側の教皇分界線は、東経一三五度（明石付近）と決めた。リンゴのような地球を縦に二分割した結果、スペインがマゼラン海峡経由の西回り、ポルトガルは喜望峰経由の東回りで日本に到来する。東経一三五度の明石が境界線にされたから、教皇の目論見どおりになっていれば、日本は明石から東はスペイン、西はポルトガル植民地にされていたが、戦国時代を戦い抜いた日本の戦力はそうはさせなかった。

日本一番乗りは、東回りのポルトガルになった。航海ルートがインドや中国沿岸など陸地伝いで、嵐になれば港に避難でき安全な上、食料や飲料水等の調達が容易であったことによる。他方、中南米を略奪し尽くしたスペインは次の植民地の探索を始めた。

コロンブス後継者のようなマゼラン（Fernando de Magallanes）は五隻のスペイン艦隊司令官として、自らの名前を付したマゼラン海峡を通過し太平洋に出るが、信仰心が足りなかったのか神のご加護に恵まれず、太平洋の荒天と荒波に揉まれ艦隊のほとんどを失った。やっとのことで島影を見つけ、上陸するが原住民から攻撃され、現在のフィリピン・セブ島で戦死する。マゼランの敵討ちをするかのように、スペインはフィリピンに艦隊と陸兵を送り占領、スペインの植民地としてPhilip二世の名前を戴く。このマニラは、スペインの太平洋支配の拠点となり、日本を窺うことになるが、そのことは後述する。

日本はその頃戦国時代真っ盛りであり、火縄銃は非常に強力な武器として重用された。それ以前の飛び道具は弓矢であるが、敵の武将の鎧を打ち抜く、有効射程距離は最大でも約二十間（三十六メートル）である。火縄銃は弓矢の届かない二倍の遠距離から敵兵を殺傷し、味方は無傷で完全勝利につながるスーパー兵器になった。その製造技術の開示に領主の種子島時堯（ときたか）は、過分の金子や便宜を与えた。遠く離れたポルトガルでは何時納品されるかわからないが、火縄銃を国内生産することで、正確な納期も伝えられた。

その後、馬防柵と多数の火縄銃による大火力を以て長篠で武田騎馬軍団に大勝したことは、他の有力武将達に火縄銃が多ければ多いほど、その火力で天下を取れることと、防衛戦でも大軍相手に火縄銃が役立つことを周知させた。ほぼ全国から火縄銃の大量需要が発生、商流と物流の中心であった堺は、資金や部材や職人を集め、良質の鉄材も入手して、火縄銃の大量生産・販売拠点として栄えた。

スペインは十五世紀末から中南米一帯を征服した自信と傲慢さから、白人至上主義を標榜し有色人種を愚鈍な者達と差別してきたが、日本人は中南米人とはかなり違うことに気がついた。中南米地域の王侯貴族や戦闘員は誰も火縄銃を製造できなかったが、日本人は火縄銃を国産化し大量生産までこなすとは、ポルトガルやスペインと同じ工業レベルかも知れない。そうであれば、簡単には植民地にできないと本国に報告したであろう。日本が中南米のようにスペイン植民地にされなかった理由は火縄銃を大量生産し、蝦夷地を除きほぼ全国の大名達が武装した結果、戦国時代の日本の火縄銃総数はスペインを上回ると推定し、日本侵略戦を逡巡した。

日本にとってポルトガルやスペインとの交易は米経済とは比べものにならない巨額の利益を生み出した。その利益で火縄銃を大量に揃えれば、天下取りできることに気がついた織田信長や西国戦国大名はポルトガル人のイエズス会（Society of Jesus）によるキリスト教布教活動を認め、教会は勿論のことセミナリオ（司祭や修道士養成学院）を安土に新設することさえ許した。勘が鋭い信長はポルトガル人が献上した地球儀を注視して、まずは日本を統一し、その先に海で繋がる欧州との関係をどうしてゆくか模索を始めた。

此のころの外国人との貿易許可を認めた公文書は勅許状（Chartered documents）で日本では朱印状になるが、スペイン領マニラ総督宛の公文書等が残されている。君主間で貿易を勅許しあう外交文書の一種になる。君主達は密貿易を禁止し、貿易を管理しないと国王の富みが奪われると警戒していた。

ポルトガル船の種子島上陸に遡ること約五十年、一四九二年にスペインは中南米を発見し、その広大な領土を獲得、世界最大級のボリビア銀鉱山を手中に収めスペインの金庫と為し、世界一の隆盛を誇る。そのスペインによる中南米略奪の実態を古文書で検証したい。

一五二一年にアステカ王国、三二年にはインカ帝国、グァテマラ等を征服する戦法は巧妙且つ悪辣であった。スペインの残虐さは概略伝わっているが、事実として古文書に残したものは数少ない。国家的犯罪記録はどこの国も廃棄する。残虐行為を告発した貴重な古文書は、スペイン人宣教師ラス・カサスの報告書である。部族間で戦わせ、敗者のインディオ人捕虜を勝者に殺させ、その人肉を食べることを強制した。スペインが仕組んだとは知らない負け部族の末端兵士をわざと逃がし、あの部族は我が部族を殺し人肉食までした、と報告させ部族間の強烈な憎しみを煽った。さらにスペインに素直に服従しない部族は夫婦親子の仲を引き裂いて、女達をスペインの荒くれ水夫共の褒美に与えた。このスペインの悪企みが成功、中南米の王国や帝国に反スペイン軍事同盟を成立させず、各個に撃破された。

中南米に上陸前に通過しなければならないバミューダ海域はハリケーンが発生しやすく難破・沈没する帆船は多かった。航海の無事を神に祈る役目の従軍宣教師ラス・カサスはグァテマラに上陸すると、スペイン軍のあまりの残酷極まる殺戮を目撃し、報告書を書いている（注①）。ラス・カサスはスペインの良心であろう。中南米全土の犠牲者総数は約二千万とラスは書いているが、これには中南米一帯の九十％近くがコロンブス一行が持ち込んだ天然痘病死者も含まれる。痛めつけられた現地女性からお返しのプレゼントもあった。梅毒である。世界史ではコロンブス交換（Columbian Exchange）（注②）の悪名高い部分になる。

一五八〇年になるとフェリペ二世はポルトガル王位も継承し、ポルトガル植民地や海外進出拠点も併せ、世界初の「太陽の沈まぬ国」と呼ばれる。他方、スペインに併合されたポルトガルは衰退してゆく。インドのゴア始め、澳門など東南アジア進出先で良質な金や銀鉱山が発見できなかった故でもあるが、カネになった貿易品は辛香料に砂糖や綿と絹の衣料品、しかし最も利益があったのはアフリカと東南アジアで拉致した奴隷の売買であった。

一六〇〇年（慶長五年）は日本で天下分け目の関ヶ原合戦があり、徳川家康が覇権をとる。他方英国は絶対王政の時代になり、女王エリザベス一世はさらに強国にする為、東アジアの貿易を独占、その利益を還元させる国策会社、東インド会社を勅許した年になる。英国は、インドのボンベイやマドラスを拠点とし、さらにアジアの終点に位置する日本には平戸商館を設置する。各商館は東インド会社の支店のように機能し、情報交換や商流と物流のネットワークを構築し、年に複数回商船を巡回させていた。最後に日本を選んだのは、後述するウイリアム・アダムスが日本最大の権力者徳川家康に重用され、家康は貿易国家を目論んでいるとの報告を受けたことによる。

関ヶ原合戦に先立つ半年前の三月、英国人ウイリアム・アダムス（以下アダムス）と蘭国人ヤン・ヨーステンが操船した蘭国船リーフデ号（De Liefde）は破船になって、豊後国（現在の大分県）に漂着した。徳川家康はリーフデ号を伏見に曳航させて船内を捜索、艦載砲・小銃・火薬・弾丸などの武器類に興味を示し、没収した。その後の上杉景勝征伐には蘭国の乗組員を従軍させ、大砲を運ばせたとされる（注③）。

これが近代日本における英国や蘭国人との国際交流の始まりになる。大阪冬の陣で、淀君の籠城戦が膠着状態になり、地球温暖化前の寒い冬に、近代的な耐寒性ある野戦テントもなく、寒さに震えて草を枕に野営する徳川軍の兵たちに厭戦気運がみなぎっていた。家康は早期決戦が得策とみてアダムスに命じ、大阪城外の小山からリーフデ号の艦載砲を以て、大阪城天守閣を砲撃させ、淀君に仕える奥女中たちを何名も死傷させた。

この艦載砲による射撃が続くと防御できないまま、天守閣から本丸一帯が破壊されることを恐れた淀君は家康と休戦、その条件とされた大阪城総堀の埋め立てにより、大阪城は防御力を失った。冬の陣で徳川軍が短期戦で勝利できたのもアダムスの貢献があった。翌年の夏の陣で大阪城は落城、豊臣は滅亡するが、家康は重大な戦訓を得た。将軍の権力の象徴として高くそびえる天守閣を造築するが、砲撃戦になれば、これほど目標として狙いやすく破壊されやすいものはない。しかし将軍権力を民百姓にまで知らしめるには、天主閣は必要になる。これを守るため大砲の製造を

ウイリアム・アダムスと家康
wikipedia より

幕末まで禁止する。

　アダムスは造船・航海術等をマスターした英才であり、日本語の話し言葉も徐々に習得していた。会津の上杉景勝攻めや大阪城天守閣破壊の功績により、軍事顧問となった。アダムスは家康に、日本の城の石垣は砲撃に耐えるが、天主閣は真っ先に破壊される。西洋の城は木造の天主閣は造らないと進言したであろう。しかし日本がアダムスの進言を認め、天主閣のない城、五稜郭を函館に新築するのは二百六十年後になる。

　徳川幕府に戦がなくなるとアダムスは通商・外交顧問に重用され、家康に海外情勢を概説し、さらに外交政策を提言していた。

　その頃、スペイン領マニラ副王ドン・ロドリゴが御宿周辺に漂着した。アダムスはドン・ロドリゴと家康との会見の通訳をしてスペインとの外交政策にも意見具申をする。アダムスが報告したであろう英西蘭の三角関係を分かり易くするため、エリザベス女王誕生に遡る。

　蘭国は、教皇が支配する西欧州のコントロールセンターにしていたスペインの属国にされていた。弱小国であった英国は最強国スペインのイザベラ女王の娘キャサリンを英国王ヘンリー七世の長男アーサーの妃に迎え入れた。強国スペインの後ろ盾を得てウェールズやスコットランドを押さえ、英国をほぼ統一し、国王の地盤を固めた。そこで邪魔になったのが、カトリック教皇とスペインである。次の国王ヘンリー八世は、隙を見せればスペイン軍を引き込みかねない、キャサリンとの離婚に踏み切る。しかし離婚を認めないカトリック教皇に、ヘンリー八世は特使を派遣し、宗旨替えを伝え、一五三〇年英国国教会（The Anglican Church）を設立、その大司教は国王が選び任命することとした。これにより英国は国王の権力が最大化され絶対王制が固まり、ヘンリー八世は次女エリザベス一世に王位を継承させた。

もしも、エリザベス女王がアジアとの貿易には関心なく東インド会社も勅許しなかったら、日本はスペインの貿易拠点にされていた可能性は否定できない。

ドイツではその十三年ほど前にマルティン・ルターがカトリックと絶縁、宗教改革を始めた。それから八十年かけて力をつけたプロテスタントは、カトリックとの三十年戦争を始める。

西欧州でカトリックは隅々まで細かく教区を設定、その教会を用いて強化した規律を浸透させた。食事の前に神に感謝させ、子が誕生すれば受洗儀式で神父が名付け親になり、聖書に由来するAdam,Ablaham,Ann,Eve,Gabriel,Isak,Johann,Joseph Joshua,Luka,Maria,Michel,Pedro,Sara,Samuel,Simon,Tomas 等々の由緒ある名前を有難く頂くのはカトリックのみならずプロテスタントでも今日まで続く。神父に命名されると戸籍に等しい受洗簿に記録、教会に永く保存される。以後学業や職業、結婚から葬式まで人生全般を管理・指導され、毎週日曜日は仕事を休ませ、教会でミサのあと個別に懺悔の儀式を行いプライベートな秘密を告白させた。さらに免罪符販売等のカネもうけまで熱心に行い、最終的には教皇上納金になった。そのカトリックの締め付けや支配に対する抗議書

(protestation) 提出者がプロテスタントと呼ばれ、キリスト教改革の歴史を残したことは周知のことになる。

しかし日本ではカトリック布教容認と引き換えにスペイン発の欧州商品や、植民地のフィリピン、更にメキシコ(アカプルコ)との貿易を求める動きは九州にとどまらず、奥州にも伝搬した。幕府と有力諸侯は、後の鎖国とは真逆の開港で南蛮貿易を積極的に進め、キリシタン大名になる者も少なくなかった。

一六〇三年(慶長八年)フランシスコ会宣教師ルイス・ソテロがスペイン領マニラから来日し、徳川家康に謁見した。この頃から、教皇が選任する日本布教団長は、ポルトガル人が多数派のイエズス会に替わり、スペイン人のフランシスコ会選出となり、伊達政宗の許可を得て仙台周辺にも布教を広めた。政宗はアカプルコ(メキシコ)と銀の精錬技術や貿易事業探索のため幕府と合同し、巨大帆船建造を決めた。

ソテロは、「仙台藩主伊達政宗はキリスト教西方教会(ローマカトリック教会)を庇護する東北国王で、いずれカトリック王国を建国するであろう」と取り繕い、ローマ教皇に拝謁を請願した。日本から教皇拝謁をしてソテロの功績が認められた時には、ソテロはアジア・日本地区大司教に昇進できると目論見、そのための点数稼ぎが使節団派遣であった。

ソテロ一行が布教成果をローマ教皇に報告の次は、伊達政宗の信仰心の問いかけになる。真の目的は中南米や欧州との交易で巨利を得たいことが教皇やその側近たちに見破られないよう、政宗は使節団長の支倉常長に教皇の質問に対する回答を教え込んでいた。

政宗は大型帆船建造に取り掛かった。伊達藩領から樹齢百年以上の樫の大木数百本を伐採、月の浦港近くの入江まで馬で運ばせた。大木を製材すると歪みやねじれが生ずるが、その原因の水分除去のため、生木を一年間月の浦の寒気で乾燥させた。政宗は、製材作業に必要な大型の鋸も数百本、村の鍛冶屋に特注し、構造材や部材の切り出しと運搬等に必要な人足、その食事や茶をいれる賄い婦など合計数千名がとりかかる大事業を為した。

サン・ファン・バウティスタ号の復元船

江戸から幕府造船奉行一行が到着した。その差配の下、スペイン人造船技術者が船大工の棟梁に作図や指示をして、巨船組み立てに取り掛かった。

伊達藩と幕府造船奉行などが総力を挙げて、全長約六十メートル、喫水下約四メートル、重量約五百トンの三本マスト、三層甲板の巨船が完成すると、サン・ファン・バウティスタ号（San Juan Bautista、以下サンファン号。キリストの最初の弟子ヨハネJuanにちなむ）と命名された。キリスト側近者の船名を誇示し、月の浦を出航したのは、一六一三年（慶長一八年）であった。

筆者は石巻港近くの月の浦に展示されている復元船サンファン号を見学してきた。三層の船尾楼最上階には司令官や艦長のベッド付個室があり、個室を出ると三本マストの上甲板が見渡せた。見学者の安全のため見張り用マストには登れなかったが、そこからいち早く海賊船を発見し、遭遇戦に備えて艦載砲を左右舷側に引き出せた。中甲板には火が使える簡易厨房、さらに階段を下ると大砲の予備弾丸と火薬や接近戦用の火縄銃の他、大量の貿易商品と水・食料・薪などを貯蔵する十分な倉庫スペースがあった。この本格的なガレオン船が四百年以上前に建造され太平洋を二往復し、最後はルソン沖で蘭国海軍軍艦と砲撃戦の末、最後を迎えたことに思いを馳せた。

支倉常長一行はスペイン植民地のメキシコに到着すると、日本人貿易商人十数名はそこに留まり、メキシコや中南米産品の価値を見定めていた。さらにスペインが開示することを渋っている銀の精錬技術の調査もあった。

関ヶ原の戦いに大勝し天下を手中に収めた家康は、国の礎を米に依存する農業国家から、貿易の利益により国を富ませる汎東南アジア貿易国家を模索していた。その外交政策は、鎖国とは無縁の積極的開国である。

しかし、弊害も見えてきた。日本とスペインの関係が密接になり、スペインによる日本一円支配の兆しがあるとアダムスから家康に報告があった。前述したスペインの悪逆非道の中南米侵略も報告されたであろう。アダムスの母国英国は、ローマ教皇が任命した大司教による英国支配から脱し国を守ったことも。

ソテロとフランシスコ会幹部が遣欧使節団の総責任者として日本不在の隙をついて、一六一三年家康の信任厚いアダムスの請願により、英国東インド会社に平戸商館設置が許可され、以降日英貿易が開始された。

英国は徳川家康に美麗な象嵌工芸品の卓上置時計を献上したが、徳川家の家宝に仕舞込まれ家臣等からも注文はなかった。対清朝でも同様であり、英国商品の対日・対中輸出にはつながらなかった。なぜ英国の卓上置時計に魅力がなかったのか。

当時の日本は、一日二十四時間になっているが、日の出に始まり日の入りで十二時間としていた。幕末まで日本の一時間の長さは夏と冬で違っていた。朝晩に寺が鐘を打つ時間と英国置時計の時間が合わないことも使われなかった理由であろう。アーネスト・サトウが驚いた江戸の時間計測については後述する。

しかしアダムスの苦心も水の泡となった。同年平戸の英国商館長に着任したリチャード・コックス（Richard Cocks）が東インド会社に速報したことは、日本には銀が十分にあり、思うままに持ち出せるが、それには日本人が好む商品を提供しなければならない（注④）。

この書簡から、英国東インド会社は意外と対日貿易に苦心していたことがわかる。東インド会社の品揃えは欧州人に高く売れる胡椒に紅茶や毛織物と象牙等であるが、日本では売れなかった。平戸に英国商館を構え、リチャード・コックスは苦節十年マーケティングに苦心したが、結局日本で売れるものを見つけられず日本を去り、中国に移ると中国人がアヘンを好むことを知り、後任者たちは英国近代史に汚点を残すことになるが、そのアヘン戦争は後述する。

日英友好に尽くしたアダムスに戻る。徳川家康より日本名三浦按針の名と、浦賀近くの逸見村に領地とそれを維持する百人近くの小作人も与えられ小領主となった。生活が安定すると、母国に残した若い妻と幼子達を愛おしく思い、何度か手紙を書き、平戸英国商館から母国の妻に送っていた。〝日本で小領主になり成功しているが、できるだけ早く帰国する。その日まで待っていてくれ〟と。

しかし英国からは一通の返信もなかった。妻は再婚してしまったのか、アダムスの稼ぎがなくなり困窮のうちに妻と赤子は死亡したか。危険を冒して大航海することにしたのも、高額な航海手当を得て、貧しい生活から成り上がりたかった故である。一度だけ危険を冒し高給を得て家を建てる。その後は安全な欧州近海船に乗ると若妻を説得してきたのだった。

ホームシックになったアダムスを慰めたのは、三浦按針に改名し結婚した妻（江戸の町名主・馬込勘解由の娘と言われているが名前は不明）と二人の子供であった。

アダムスについに帰国のチャンスが到来した。日本に漂着し苦節十三年になるとき、英国王の親書を携えた使節ジョン・セーリス（John Saris）が平戸に到着した。アダムスはセーリスに尽くし、平戸から江戸まで護衛と道中の日本の重要箇所を紹介、さらに駿府で大御所徳川家康、江戸で将軍徳川秀忠との謁見まで手配した（注⑤）。

しかしこの日本縦断旅行中の話やその後の意見交換で、二人の考えは次第に亀裂を深めていく。セーリスはあまりに日本びいきになって英国人の誇りを忘れたかのようなアダムスが気に入らなかったし、アダムスにしてみれば日本びいきにならなければ、母国との仲介役どころか、日本で生きていけなかった。アダムスはついにセーリスと和解せず、帰国の誘いを断わってしまう（注⑥）。

帰国を諦めた別の理由もあったろう。当時のロンドンには日本人は一人もいなかったし、気候も現在より寒かった。英国人とは生活習慣も宗教行事も全く異なる。短い秋が終わり晩秋のロンドンは、色鮮やかな紅葉に彩られる逸見村とは真逆の光景になる。一日中どんよりとした厚い雲に覆われ、冬が来れば太陽は見えず、一日中暗い陰鬱な日が続く。暗い家の中の灯りはほの暗い菜種油か蝋燭であったろう。そこに日本人妻子を連れ帰っても、英国人たちと言葉が通じないから交流できず、米も食べられず、二人の幼い子を抱えてうす暗い家に閉じこもる生活は、妻を鬱病に追いやるだけだと悟ったのではないだろうか。

日本に残留したアダムスは家康の指示でベトナム交阯郡やシャム暹羅に渡航、現地調査し家康に航路や産品などの報告をしている。

ついにアダムスは母国に帰ることなく、望郷の想いの中、一六二〇年平戸で五十八歳の生涯を閉じた。アダムスの領地近くの浦賀港には英国船は来航しなかった。少しでも可能性があったのは平戸近くの長崎港である。アダムスは平戸で、訪日する英国人の話し相手や郷里の手紙ををひたすら待っていた。

アダムスは後述する約二百五十年後の幕末明治期に日本を愛し、妻と子を持ち、日本の地に永眠した英国人の先駆けになった。

一六二四年、アダムス死去後、幕府との友好関係を維持できなくなった英国は、反スペイン同盟のような蘭国に日本との交易を任せ、平戸商館を有償譲渡し日本から撤退した。

蘭国はこの日が来るのを予見したのか、既に本国から特使訪日を要請、特使は家康と会見していた。開国し貿易を積極的に推進したい家康は、マレー半島在住の大商人ヤコブ・フルーネウェーヘン宛に対日自由貿易許可の朱印状を与えた。ハーグの国立公文書館に残されている原本は、日本全国の港に自由に来航でき、必要な物品も購入できるという特別許可書である。家康はその許可と引き換えに、ルソンーシアムの日本人町を結ぶ交易路で、ジャワにも進出できるマラッカの利点を考え、フルーネウェーヘンの力を借りたかった。

家康は蘭国を重視し、他方スペインとは国交断絶した。ローマ教皇が欧州は勿論、中南米まで勢力を広げ、カトリック各国国王の任命まで行うことを知った幕府は、カトリックは日本を支配し世界制覇を狙う危険な宗教とみなしたことは無理もなかった。二代目の秀忠は鎖国政策をさらに強化する。

ここで日本と同じ島国の英国と比較したい。周知のように英語は純粋語ではない。今日の英国人が殆どわからない古英語にロマン語・ゲルマン語・ノルマン語にフランス語まで取り込んだ混合語であるが、海洋国家英国は英語を国際語として広く普及させ、世界をリードする手段としてきた。

秀忠が家康の遺志を継いでいれば、海洋日本は大発展したであろう。ルソンには呂宋助左衛門、シャムには山田長政が既に千人以上居住する日本人町を束ねていた。特に長政はシァム国王の親衛隊長に抜擢されており、この二大拠点を足掛かりに日本は大貿易国家になっていたと思う。

その時にはルソンに現地のタガログ語と融和した第二日本語、シャムにはシャム語と融和した第三日本語が根付き、日本語は英語に先駆けてアジアの国際語になり、日本は島国根性など無縁にして、盆栽・箱庭・さらに僅か三畳で肩幅の入り口という狭苦しい茶室や僅か二間の狭い長屋住まいを尊ぶ江戸文化の発展はなく、南シナ海の荒波をものともせずルソンやシャムに雄飛・移民し、日本人の気質も変わっていった可能性は否定できない。洋式大型帆船建造では欧州水準にあり、その航海に必要な天文学などの自然科学も発達したであろう。

しかし歴史はそうならなかった。一六三六年、家光将軍は第三次鎖国令を施行し、ポルトガル人とその妻子合計三百名を日本から永久追放し、ここに鎖国をほぼ完成させた。

翌三七年（寛永一四年）江戸幕府は幕藩体制を固めたころ、九州島原で大乱が勃発した。島原の乱である。幕府は、三万ともいわれる全国から集結したキリシタンや反幕府の武士、農民からなる反乱軍には、武器弾薬を供給するポルトガルやスペインが背後にいると疑い、反スペインの蘭国に支援を要請、軍艦による艦砲射撃を島原の原城に浴びせた。

原城に近づいてきた軍艦は、中南米を席巻した世界一の海軍国スペイン軍艦と喜んだ籠城軍の各隊長は、国旗が違うと訝ったが、同じキリスト教国が敵となって砲撃してくるとは、籠城していたキリシタンに衝撃が走った。キリスト国が大帆船を率いて助けに来てくれると信じ、海に臨む原城に籠城したのである。ところが救援軍はついに姿を見せず、キリシタンと農民一揆は鎮圧された。

幕府は、キリシタン籠城軍に砲撃して戦意喪失に貢献し、且つ布教をしない蘭国を高く評価した。以後対日貿易を蘭国一国に限定し、独占利益を与え、見返りに欧州情勢を報告させることになる。

蘭国も英国同様に、真っ当な貿易よりも大規模な海賊行為で巨利を得ていた。正常な商取引など僅かであった（注⑦）ことも歴史的事実として付記しておきたい。

わずかに生き残った日本のカトリック信者たちは、カトリックに潜む闇も聞かされた。異端審問と魔女処刑である。信者たちに教示する神父は全て絶対に正しく、批判どころか疑問さえ感じてはならない。神父に批判的な者は異端の魔女か、異教徒であるとみなされ欧州全域で数万人も火あぶりの刑に処せられていた。魔女と異端者処刑はカトリックが全体の八割、しかしプロテスタントも二割程度は処刑した。キリスト教史の恐ろしさに気が付き、多くの日本人キリシタンたちは棄教してゆく。

島原の乱が終結しキリシタンは皆殺しされ、日本からキリシタンが消えた。隠れキリシタンとして日本に生き残った僅かな信徒はもはやキリシタンではなく、変質して土着した別の宗教になっていた。そのキリスト像はちょんまげをした日本人の若者の顔に変わり、経典となる聖書も焚書され、カトリックは日本では断絶したのである。今に残る浦上天主堂などにあるカトリック教会は、明治政府が不平等条約改正を要求したとき、主に仏国などからカトリック信仰の自由を保証することが交換条件とされたことに由来する、明治キリスト教になる。

ポルトガルは既述したように、異常な貿易も行っていた。東回り海上ルートでアフリカの各港で拉致してきた奴隷売買が最も利幅の大きな商品であった。黒人に加えて日本人も奴隷にされ東南アジアからリスボンさらにローマにまで売られていたのである。特に高く売れたのが少女であった。天正のカトリック遣欧使節団はローマ市内見物のおり、市場の一角で日本人らしき少女が半裸にされ、競売されているのを見て涙を禁じえなかったと告白している。

ローマの広場に奴隷市があり売買されていたことには何の不思議もない。ローマ帝国は傭兵・農園・家内労働さらにはコロシアムで飢えたライオンと戦わせるなど様々に奴隷を過酷に使い、千年の栄華を誇ってきた歴史がある。先史から奴隷制は存在し語り継がれたが、有史時代になればギリシャに始まり、ローマ帝国で発展した。中南米も、植民地から始まった米国の大発展も奴隷に依拠していたのは周知の事実である。

遣欧使節団が帰国して精神的に自由になると、信仰心厚い主要メンバーにも、カトリックを棄教した者がいた。洗礼名千々石ミゲルで、棄教後は千々石清左衛門に改名した。熱心な少年カトリック教徒で有馬晴信の従兄弟という家柄の良さから正使になった千々石は、日本人を奴隷として拉致してゆくポルトガルカトリックは、イエスキリストの博愛の教えと真逆ではないか、教皇の御膝下のローマ市内で奴隷売買を許しているのかと疑問を持ち、帰国後に棄教し、仏教に改宗した。

開国により無制限の自由貿易の行きつくところは、奴隷売買であった。人間の尊厳を奪い、家畜のように扱い、逃げ出しても所有者がすぐにわかるように、男奴隷は額に、女奴隷は顔の商品価値を棄損しないように、肩に焼き鏝で一生消えない烙印を付けてブランド（brand）品にした。Brandの語源は古ノルド語で焼印をつけるという意味のBrandr（ブランドル）といわれている。

アフリカを主に奴隷は中南米から欧州やアジア、米国に売られ、約三世紀に及ぶその総数は約二千万人と推定される。販売国はポルトガル、スペイン、蘭国、英国などいわゆる自由貿易国家であった。

スペインやポルトガルから各植民地に派遣されたカトリック司教や宣教師たちは奴隷貿易を黙認したことも奴隷売買を促進したことになろう。旧約聖書のヤファアエの神は戦いに敗れた者を奴隷にすることを認めた、と理解したのではないか。

ポルトガルに自由貿易させた結果、日本からの輸出品に奴隷があることに気が付いたのは豊臣秀吉である。秀吉は、この奴隷売買を貿易禁制品として取り締まり、一五八七年『天正十五年六月十八日付覚』を、ポルトガル側通商責任者カピタン・モールとコエリョを長崎から呼びつけ二人に申し渡した。その伴天連追放令による日本退去と日本人奴隷の貿易禁制を宣告する公文書が残っている（注⑧）

秀吉の人身売買禁止令が定着し、日本人が海外に売られなくなったことを認めた家康は、秀吉の鎖国政策を緩和し、開国に変えた。日本の歴史には鎖国と開国の揺り戻しがあった。

ポルトガルに替わったスペインや英・蘭による欧州勢の出没に鳴動するかの様に、凍てつく北の海から、温暖な日本の領土を狙う大国があった。

函館に蝦夷奉行所設置

北の大国ロシアが活発な動きを見せ始める。幕府の北方領土探索も意外と早かった。一七九八年になると幕臣近藤重蔵の北方領土探索の意見を採用し、幕府は近藤重蔵を択捉島探索に派遣した。近藤重蔵は択捉島に上陸すると「大日本恵土呂府」の木柱を立てた（注⑨）。いわば択捉島に日本の国旗を掲げたことになる。日の丸が国旗として西洋諸国に承認されるのは一八七一年（明治三年）頃であり、この時点では標柱が国旗の替わりであった。それから数年もしないうちにロシアなどの外敵が北辺に出没、蝦夷地の偵察を始めた。大国ロシアのなすがままに放置すれば蝦夷地（北海道）は実効支配されてしまう。かつて国交を求めてきた元の使者を切り捨て、元寇の襲来を招いた教訓から、ロシアから度重なる食料強奪や漁師の拉致があってもロシア水兵を殺害せず、耐えてきた幕府であったが、ロシアは報復しない日本を侮蔑し始めた。この無礼さに我慢できなくなった幕府は、ロシアと交戦はしないが蝦夷地防衛の必要を認め、一八〇二年蝦夷奉行所（後に函館奉行所）を設置した。

蝦夷地に先住していたアイヌ民族に加え、和人を住み続けさせるには、食糧の米が必須である。しかし当時の農業技術では、夏が短く暑くならない蝦夷地に稲穂は実らなかった。米と交換できる必需品の一つに豊富な漁業資源があったが、アイヌの漁獲高は限られており、本土からの漁師移民も少なかった。

一八一〇年頃幕府は、大廻船運送業を営み資力と航海技術のある高田屋嘉兵衛に蝦夷地水産業者の免許を与え、蝦夷地開発に苦慮していた幕臣近藤重蔵の配下にした。その嘉兵衛が国後島探索を兼ねて持ち船で操業中、ロシア艦隊に囲まれ、拿捕された。ロシア艦隊は、カムチャッカ半島を拠点として日本の廻船や漁船を拿捕する機会を狙っていた。目的は国後島探索中に松前奉行所から派遣されていた藩兵に、ロシア海軍ゴローニン少佐とその部下が国境侵犯とスパイ容疑で逮捕されたことに対し、ロシアは捕虜交換できる高級職の日本人を探していた。国後や択捉島の取り合いも日本とロシアの間で始まっていた。

拿捕された嘉兵衛は、ロシア艦隊根拠地のカムチャッカ半島に連行された。嘉兵衛は、日本沿岸を航行する千五百石積大型廻船を数隻所有、その設計図の検分や建造にも立ち会っており、ロシア艦の武装や構造を詳しく観察した。それをロシアの監視兵に分からぬよう、図ではなく符号で記録し、見られた時には日本の和暦を忘れないよう記録しているとごまかした。それが幕府に提出され、貴重な軍備情報になるが、その嘉兵衛が記録した軍艦情報とは、

このロシア船は輸送量二千石積で、長さ二十二間一尺、帆の数は三十二、麻織一重の布である。大砲は二十門ある。七百匁の弾が撃てる（注⑩）。

カムチャッカの北からの強風を受けるには麻織一重マストでは強度不足で簡単に裂けそうであるが、帆が裂けたら取り替えるだけと割り切っていたのであろう。

拿捕された嘉兵衛は、カムチャッカでロシア語を習得、信頼されて蝦夷地に戻されると、約束になっていたゴローニン少佐を見つけ、函館奉行に少佐の釈放を請願し、成功した。

嘉兵衛が国後・択捉に至る水路を調べ上げ、どこに暗礁があるか示した海図により、函館奉行所は国後・択捉に普請役（土木管理職）を上陸させ、道路や越冬小屋を築いていた。越冬の必需品は防寒具に保存食料である。熊の毛皮の上着に帽子とマスク一体型の頭巾、皮の手袋やブーツなどはアイヌの防寒技術を応用した。米は勿論冬季のビタミン不足による病気を防ぐカリウム等をたっぷり含んだ凍み豆腐や鶏卵、乾燥麺類などが奉行所から供与された。これにより、アイヌや漁師と役人が一体と

なって国後・択捉にアイヌと和人を定住させ両島を実効支配していく。奉行は国後・択捉開発に関わった高田屋嘉兵衛の大なる功績を認め、嘉兵衛のゴローニンの釈放を許可したことは先述した。この嘉兵衛の国後・択捉開発により、四十年後の日露和親条約で、国後・択捉等の北方四島は日本が支配を続けてきた領土と認められるが、日露和親条約で詳述する。

蘭国医官ズィーボルトの蘭学講義

蝦夷地の対ロシア防衛の次は、長崎を拠点とする対欧州学（蘭学）と防備について書いておきたい。一八二三年（文政六年）渡日してきたフィリップ・ズィーボルト（Philipp von Siebold）は蘭国出島商館付き医官である。日本では英語発音でシーボルトと呼ばれているが、敬称 von が付与された南ドイツ貴族の家系であり、ドイツ語発音のズィーボルトが正しい。ズィーボルトはヴュルツブルク大学医学部を卒業すると、当時アジアに植民地を持つ隣国の蘭国に移り、東インド会社医官の職を得て蘭国領バタヴィアに派遣された。そこでは、表向きは出島商館付き医官、実は特別の任務があった。情報担当官であり、後述する英国のアーネスト・サトウの先駆けになるが、ズィーボルトにはサトウのような慎重さはなく機密情報持ち出しの不祥事を起こす。

情報担当官として必要な素養は、赴任地の人情や国情を知りその国になじみ、次は人脈つくりである。人情を知るためと、遊女であった妓名其扇（本名　楠本たき）十七歳を囲ったが、商館長は特別に許可した。出島では奉行所役人以外の日本人と交流できないため、長崎の鳴滝に私塾を開き、日本全国から集まってきた英才たちから熱望された、蘭学医学の講義を行った。その基礎学習として、蘭語・化学・生理学・薬学・物理学等の自然科学を体系的に教えた。この自然科学全般教育が見事に開花し、後述する蘭学者佐久間象山とその弟子勝海舟、福沢諭吉、大村益次郎等を育英した。幕府の官学は中国の影響で四書五経を暗記するだけの学問であり、自然科学は無視された。鳴滝塾の英才たちは西洋科学の理論的な学問の仕方を学び、科学専門書を読み、同志と白熱する研究会などして西洋科学の理解を深めていった。

ズィーボルトは日本中の英才たちを人脈にしてハイレベルな機密情報を集めてゆくが、長崎奉行所の通訳官たちも、蘭国輸入品の現物と積荷目録から蘭語の名詞を理解・蓄積し、意味不明な蘭語があれば蘭国商館の書記に尋ねることで蘭語文法も会話もこなしていた。その通訳官たちはズィーボルトの発音が違っていることに気が付き尋ねると、ズィーボルトは国籍がばれないように蘭国の方言の違いとごまかした。

蘭語は名詞や動詞の格変化がドイツ語より簡単で、ドイツ人の学者レベルであれば、蘭語の専門書を難なく読めた。日本人にとっても、最初の専門書購読が独語より簡単な蘭語であったことは幸いであった。例えば、ドイツ人のアンネの日記はドイツ語では Das Tagebuch die Anne Frank と最初のdasは主格、次のdieは所有格と二つの冠詞を理解しないとドイツ語は分からない。蘭語はDagboek van Anne Frankと格変化がない場合もあり、それがない外国語ほど学習しやすいものはない。

さらに医学では、鍼灸で人体のつぼを刺激し、エビデンス（科学的根拠）が十分に証明されていない漢方薬で病気を治すのではなく、化学・薬学・生理学等の上に医学があり、漢方にはない解剖学で病理を診断することが肝要と西洋医学を教えた。医者では日本初の産婦人科女医になった、ズィーボルトの娘の楠本イネ、イネに医学教育した二宮敬作、伊東玄朴、戸塚静海、石井宗謙など錚々たる人物を育て、幕末日本の西洋医学の習得に多大な貢献をした。

しかし、ズィーボルトの大胆な情報収集に日本の機密情報があったことが露見した。江戸城内の詳細図面や間宮海峡と樺太測量図、さらに精密日本地図、武器・武具解説図など戦争になれば最も重要な軍事資料を蘭国に秘密に船積みしようとした。その蘭国帆船が長崎出航前に嵐で大破し、驚くべき禁制品が長崎港の海岸に流れ着いてきた。機密漏洩者が日本人であったならば、直ちに死刑に処せられたが、蘭国最先端の学問を日本に教授してくれた功績から情状酌量され、寛大な国外追放で許された。

これだけの国家機密全てが商館や蘭国政府の指示とは思えない。ズィーボルトの個人的情報にしたものも少なくなかったであろう。事実ズィーボルトは帰国するとモスクワにまで足を延ばし、樺太地図の写しを見せロシア艦隊と顧問契約を試みたり、ペリー艦隊日本来航の情報を得ると、艦隊アドバイザーになろうと働きかけた。しかしペリーは、日本から追放されたPersona non grata（好ましからざる人物）を同行させたら日本の反発を受けるだけと判断し、ズィーボルトの協力の申し出を断った。

蘭国経由ヴュルツブルクに戻ったズィーボルトはその後日本学専門書の執筆や各地で講演していた。一八四五年ドイツ人女性ヘレーネ・ガーゲルンと結婚、長男アレキサンダー・ズィーボルト（以下アレックス）が生まれる。

ズィーボルト離日から二九年後のペリー来航までに、日本人技術者たちは蘭語専門書をマスターしていた。ペリー司令長官は、蒸気式軍艦サスケハナ号に幕府高官達の乗艦を許可し、日本人に蒸気機関や艦載砲を見せつけ、驚愕させようとした。しかし見学した幕臣の専門家たちは、冷静に蒸気機関や最新式ペキサン砲（Paixhans gun）と一目で見分けペキサン砲と囁き合い、高度な質問をした。ペリー長官たちが逆に驚愕させられたことは、後述する。

一八五七年になると蘭国との通商航海条約が発効、日蘭関係は国際交流を深めることになり、ズィーボルトの国外追命令が解除された。翌五八年八月にアレックスを伴い、日蘭通商航海条約批准書を幕府に奉呈するため、蘭国の使節として三十三年振りの日本再訪を果たした。ズィーボルトとアレックスは異母姉のイネとその母滝との面会を大いに喜び、感涙したことであろう。

しかし、ズィーボルトは国外追放処分を解除された蘭国使節とはいえ、幕府は冷淡であった。ズィーボルトに地図などを秘密に提供していた高橋某他何人もの日本人学者や幕臣が処刑され、その遺族たちはズィーボルトを恨んでいるにも関わらず、事件の張本人を晴れ舞台に上がらせるわけにはいかなかった。しかも幕府の内政は、後述する戊午の密勅とそれに対する安政の大獄の騒動になっており、ズィーボルトの相手をしている暇もなかった。

ズィーボルトは、父から学んだ日本学を続けたいという息子アレックスを英国領事館に紹介し、通訳に採用された。アレックスは英国から派遣されてくるアーネスト・サトウと親交を結び日本語を教えている。

アレックスの晩年にはドイツ皇帝ヴィルヘルム二世（Wilhelm II）の黄禍論は白人の一人として考察すれば、不合理な人種差別であると評論し、反日世論から日本を救うが、この親子二代にわたる日本貢献については後述する。

一人虚しくドイツに帰って行ったズィーボルトはその時六十六歳、日本とは最後の別れとなり、一八六六年幕府が終焉する前々年にミュンヘンで生涯を閉じた。

第一次アヘン戦争　wikipedia より

第一次アヘン戦争

開国がもたらす無制限の自由貿易の行きつくところは、奴隷売買であることは既述した。もう一つあることも忘れてはならない。それはアヘンである。奴隷貿易とアヘン貿易は自由貿易の利益を極限にした。

アヘン戦争（Opium War）は、清国と英国との間で一八四〇年から四二年まで続いた戦争である。英国は、英国商人の財産であるアヘンを、清国が焼却処分したことに対する賠償請求を閣議決定、他方清国はそれを拒否したことが戦争の発端となった。

鎖国をしていた清国が英国に特例として貿易を許した貿易特区は、珠江上流にある広州にあった。鎖国していた清国は、何故英国に貿易を認めていたのか？

それは広州における対英貿易は清国政府の一大収入源に

なり、役人たちも大きな利得を得られ、労働者には貿易貨物の陸揚げや船積み、輸出商品の製造・運輸等の稼ぎになった。アヘンの仕入れ資金は多額のカネが必要であり、その大金融資に世界一の高金利が得られると金融業者も群がってきた。清朝政府は鎖国の建前とは別に貿易を黙認し、多額の税収や利権を得ていた（注⑪）。その広州でアヘン戦争が勃発し、悪夢をみることになるのは自業自得であろう。

中国の民衆がアヘンを吸引し始めたのは、文書では、明時代の一五八九年の関税表に初めて現れる。輸出国（地域）は中近東と推定され、一箱60kg入りでサンプルとして数箱程度ではなかったろうか。それがアヘン戦争の前には年間四万箱を越え、清国の税収を上回った。

一八三四年までアジアの全ての貿易を英国女王から勅許されていたのは東インド会社であるが、女王陛下の勅許会社がアヘンという有毒物で稼ぐのは陛下の体面に関わると、実取引させる下請けに採用したのがジャーディンマジソンである。アヘン業者の悪名がつけられたが全く気にしないどころか、ケシの花の社旗は上海や香港に翻っていた。しかしその社員であったトーマス・グラバーはアヘン取引を嫌い、上海を去り日本で茶や工芸品等の真っ当な貿易を始めるが、そのことは後述する。

清国皇帝はそれが民衆の間に広まるにつれて、アヘンの対外支払いが国家財政を悪化させ、宮廷費が少々削られたことを大問題にしたが、アヘン吸引者は遊惰で役に立たない者どもであるから、廃人になり死んでゆくことは問題とはしなかった（注⑫）。典型的な愚民政策と言えよう。アヘン吸飲者は、アヘン購入のため清国の銀貨を支払うことがいけないのであって、国内生産品を清朝政府にアヘン生産税と吸飲税を支払っていれば問題にはしなかった。中国民衆が様々の重課税により、続々貧民になり憂さ晴らしにアヘン好きになっていたことも災いを深めた（注⑬）。愚民政策する為政者に統治されている限り清国の民度が高まり、民衆がアヘンの批判をすることはなかった。アヘンを輸入禁制品とするのは一八三八年、清国がアヘン戦争を開始する直前になる。

アヘン戦争初戦の舞台は、広州市を頂点に東に澳門（マカオ）島、西に香港等を抱えた珠江トライアングルである。珠江は、南シナ海に流れ込む大河で、香港と澳門は約百㎞以上の距離があり、相互にその島影を目視できないが、香港も澳門も清の領土であった。

澳門島の突端に要塞を築きイエズス会に属するポルトガル人宣教師や貿易商人、守備兵、現地妻などが定住、貿易商人は澳門から香港や広州に出張、アヘンを清朝国内に販売する中国商人との繋がりを強くしていた。

この狭小とはいえ澳門にポルトガルや外国商人等千名以上が定住し、実効支配されていることを黙認していた事実は、アヘン戦争講和条件の香港島譲渡を認めなかった清朝に、英国は澳門に先例ありと承諾させる根拠にした。

一八四三年南京講和条約で第一次アヘン戦争の決着がつけられた。香港島割譲に加えて、英国商人の資産（アヘン）を焼却したことの補償金さらに英国海軍の遠征費用等含めて約二千万ドルの巨額の賠償金を支払わされた挙句、アヘン禁止条項は講和条約で認められなかった。このことは清朝にアヘン輸入を黙認させ、清朝亡国化を進めた。

米国はこの第一次アヘン戦争に参戦しなかったが、大清帝国が致命的といえる海軍を持たない弱点を見抜き、砲艦外交をちらつかせ一八四四年七月澳門郊外の望厦村において、英国が締結した南京条約とほぼ同様の修好通商条約を結ばせた。

ペリー来航に備えて幕府が注目していたのは、米国が締結した望厦条約である。米国の対日要求はこの条約以下にとどめることの根拠にしたかった。続いて仏国は同年十月清国と黄埔条約を結び、中国への列強進出は本格化していった。

英国は香港島割譲後、その所有者は英国女王になるとして、地名を当時のビクトリア女王ゆかりの名前に変えてゆく。香港島にそびえ立つ最大の山、太平山はVictoria Peak、香港湾はVictoria Harbour、香港湾に位置する軍港の金鐘は英国海軍提督にちなみAdmiralty、九龍半島の交通の要衝には当時の英国皇太子Prince Edward、九龍のメインストリートは香港総督の名前からNathan Road等である。

清朝が無理やり領土を割譲させられた屈辱的な南京条約の第三条とは、

第三条 (前略) 清国皇帝陛下はイギリス国女王陛下に香港島を譲与し、イギリス国女王陛下及びその後継者は永久にこれを占有すべく、イギリス国女王陛下の適当と認める法律・規則を以てこれを

統治すべし

英国に永久に譲渡された香港島は、英国の善意で一九九六年七月一日、中華人民共和国に返還された。英国植民地とは言え英国は香港から収奪することなく、利用するために教育に力をいれた。世界の大学格付け機関によれば東大よりも上位にランク付けされている香港大学やそれに準じる中文大学、香港理工大学等の高度教育機関により英国外交官の子弟のみならず成績優秀な香港人に学ぶ機会を与え、香港市民の民度を高め、民主主義を根付かせ、役人や政治家の汚職などは聞いた事がなかった。医学の分野でも漢方医学の弱点や限界を補うため、一八八七年に香港医科大学を創立し、その後総合大学の香港大学に統合されている。

香港の中国返還前に、筆者は香港で五年半ほど仕事をしていた。返還を前に部下や取引先の香港人たちの動静を注視していたが、中国政府の国家意識の高まりとは真逆で、中国人になることを喜ぶ香港人は一人もおらず、香港を去り英国旧植民地のオーストラリア・ニュージーランド・カナダに移住したい者ばかりだった。他方英国企業やその駐在員たちは香港に見切りをつけ、英国帰国準備を始めていた。

その頃、在香港英国商工会議所主催の親善パーティに招待された。招待客たちは中国に情報提供しないものを選別していたであろう。会頭によるウェルカムスピーチに続き、乾杯しあい英国人たちと歓談になった。その一人は英国航空の幹部であったが、パーティジョークで打ち解けたあと、香港返還に関する質問をしてみた。

「香港島は Treaty of Nanjing Article3 (南京条約第三条) で英国女王陛下 (Her Majesty) に永久に譲渡 (cede) されたもので、租借 (lease) ではないよね?」

「Yes, that' s true」

「それなら、香港を中国に返還する義務はないでしょう?」

「それも正しいけど、香港島に水や生鮮食料などを供給している九龍新界には租借期限がある。その延長を求めた時、中国はなんと回答したか知っている?」

「それは知らない」

「鄧小平 (Deng Xiaoping) 総書記は、租借地の期限延長はしない。割譲地も併せて返還してもらうと言ったのだ」

「英国外務大臣は、それなら租借地は返すが割譲地は返還しないと反論しなかったの?」

「鄧小平は、割譲地を返還しないなら中国から香港島へのインフラ、水・電気・生鮮食料等の提供は中止するが、それで良いかと高飛車に言い放った」

「なるほどね。香港人を苦しませることになっても全然気にしないのは中国政府の体質だね、国名は人民共和国だけど。今私が住んでいる香港島には発電所も浄水場もない。水も電気も止まり、食糧が暴騰したら、一千万人の香港住民は黙っていない。暴動をおこす」

「それで、英国は香港を諦めて去ることにしたのだ。有終の美を飾り撤退をすることが、英国の名誉を守る外交になる」

一九九六年六月三十日夕刻、中国返還の前日に香港最後のクリス・パッテン総督（Christopher Francis Patten）はビクトリアピークにある総督公邸で記者会見を行った。英国系サウスチャイナモーニングポストなどの記者は百年に及ぶ英国統治の成果を称えたが、中国の記者は容赦をしなかった。

「英国はアヘン戦争を仕掛けて香港を奪ってきたことに、深く反省し謝罪しないのか？」

パッテン総督は少しも動揺せず答えた。

「百年前に人口わずか数百人程度の貧しい漁村だった香港をアジア一の豊かな都市にして、一千万人もの住民が豊かな生活に満足しているところが他にあるだろうか。英国は誇りをもって香港を統治してきた。そのことに何ら恥ずるところはない」

香港が中国に返還されてから香港や中国に筆者は何度か旅行し、二十四年経過した現在の香港を再見してきた。返還前の英国風の佇まいはすっかりなくなり、中国化した建物やその看板、出入りする人々の服装に、英国領香港の風情がなくなったことを見て一抹の寂しさを覚えた。

普通選挙を当然のこととして民主的諸制度に慣れてきた香港が共産国家になるのは、香港市民が恐怖すると懸念する英国に、当時の江沢民主席は、一国二制度（One Country, Two Systems）という仕組みを用意する。中国と香港は一つの国だが、法制度は五十年間二つにするから安心せよと宥めた。

しかし親族や知人を通じて中国人民共和国の実態を身近に知っている香港人は、中国政府の約束など信ずる者は少なく、母国のはずの中華人民共和国による香港支配や治安維持を嫌い、富裕層は英国始めカナダ等旧英国植民地に子供たちを留学させ、その子達を頼って移民し始めていた。

移民できなかった香港中間層は自由民主化活動を始めたが、その流れが広がるのをみた中国政府は、英・日・米・EUの反対を押し切り、一国二制度を五十年続けるとの約束は二十三年で破られ、香港国家安全法を制定した。民主国家の常識である思想信条の自由を著しく制限するところは、かつて日本の悪法と言われた治安維持法どころではない。治安維持法は国体を否定する政治結社に参加した者という具体的な違法行為を規定していたが、国安法にはそれすらなく、中国政府を批判した瞬間に隣にいる私服警官に逮捕され、民主活動グループの幹部であれば中国の刑務所に送致し思想改造するという、民主主義を否定した共産国家にさせた。

淡路島程度の小島で漁村だった香港島は中国本土にある工場群の司令塔になり、個人ベースで中国人の百倍もの所得を得て、中国一国に等しい経済力を保持し繁栄してきたが、母国に返還された結果、年々歳々没落していくのを見るのは筆者には実に悲しい。これも歴史の皮肉であろうか。

二〇二〇年七月一日中国は二十三年目の返還記念日に、前述した香港国家安全法を施行し、中国に反抗するとみなした者を三百名も拘束し、手始めに九名を逮捕した。かつての香港皇家警察（Hong-Kong Royal Police）は、中国政府の治安機関に変貌し、民主化女性リーダー周庭（Agnes Chow Ting）を逮捕した。周庭は、

「香港の民主化には日本人の声援が助けになります」と、NHKの取材に原稿を棒読みするのではなく気持ちを込めて日本語で話したことで、香港の青年層は勿論日本人からも圧倒的な支援を受けた。民主派政党の役員だった二十三歳の周庭は自宅で逮捕され、「本当に怖かった」と警察への恐怖から役員を辞した。中国政府の意向を忖度した香港の裁判所は周庭を許さなかった。執行猶予なしの禁固十ヶ月の実刑判決を下し、刑務所に収監した。

周庭の両親は、香港人が共産国民にさせられることを怖れて、周庭に英国政府が発行する英国海外市民、ＢＮＯ（British National Overseas）パスポートを所持させていた。しかし周庭は若さゆえに親心がわからず中国政府を信じ、ＢＮＯパスポートを放棄して、香港民主化団体「香港衆志」に参加してしまった。ＢＮＯを所持していたら英国外務省も中国政府に強硬に抗議したであろう。

英国は返還条件を破った中華人民共和国に対し、三十万人の枠内で英国入国を認めるＢＮＯを用意すると表明した。返還された旧植民地の住人が三十万人も本国でなく、植民地のパスポートが欲しい、と言ったことは歴史にあったであろうか。

中華人民共和国は香港民主化の息の根をそぐように、香港立法府議員の立候補資格を審査し反中派

は、立候補の権利もないとした。かつて日本も東条英機党といわれた大政翼賛会で立候補者を資格審査し、反東条の者は推薦しなかったが立候補は黙認され、少数とはいえ当選者もいた。中国共産党は、民主主義の原点となる立法府から、反政府候補者の立候補を認めないとした。

香港では中国政府が制定した簡体字ではなく、伝統的繁体字が公式字体として公文書や道路標示に用いられてきた。繁体字とは日本の旧漢字であるから、日本人にはよくわかるし漢字として威厳や品格がある。楷書体の美麗さや篆書体の格調高さに習字を始める日本人は多いが、簡略化した簡体字の書道などいかがなものか。中国政府は、簡体字の使用指示に従わず、繁体字で日刊新聞「蘋果日報Apple Daily」代表者兼編集長の黎智英などのジャーナリストの逮捕を続けている。

この民主派指導者数百名の逮捕について中国政府の報道官は、香港に香港を良くするための法律をプレゼントした、と中国のTVニュースでぬけぬけと言い放った。

「どうだ、中華人民共和国の恐ろしさが分かったか」と、言いたいのであろうか。

アヘン戦争で奪われた土地とは言え、その住民には、精神の自由がない共産国家の本国より、その自由がある英国植民地がはるかに良かったのである。植民地であっても、住民に物価が安く、税金が少なく（返還まで消費税も輸入税もなかった）、警官や公務員が威張らず、能力があり学問を志す者には無償で大学教育を受けさせてくれる良い統治であった。生活ぶりも男女同権で、夫婦共稼ぎで生活費は折半、妻に負担になる弁当は勿論、夕食も自宅では作らない。毎日外食であるが、外食は新鮮なエビ、スズキを薬味で煮込んだ潮州料理、上海の蟹料理、鱶鰭スープや家鴨の北京料理、旧満州の餃子料理、四川料理からインド・タイ・日本他エスニックも含めて何十種もあり、いずれも安価で美味であった。さらに食後を締めくくるデザートは、広州特産で楊貴妃が愛した茘枝から、タイのドリアン、マレーシアのパパイア、マンゴー等々豊富で満食になるのはローマ皇帝並みのぜいたくさと思っていた。近年は日本の夕張メロンや栃木の超大粒いちごなども楽しむようになり、かつての食在広州は、食在香港に進化していた。

返還前の中国国営工場の実態も書いておきたい。筆者は製造移管の打ち合わせで香港から中国に度々業務出張していたが、泥棒対策から窓は鉄格子で仕切り、生産増だけを考えた生産ライン、そして工場二階の大食堂では骨は勿論、獣毛付の皮までついた豚肉スープを見てしまった。その場の中国人に失礼にならないように、嫌悪感を見せないことに苦慮した。しかし、一階の人事処には履歴書を持参した若い男女が毎日何十人も面接にきており、生産ラインも日々拡張していた。

この劣悪な環境にも屈することなく仕事をする中国パワーに、いずれ日本の製造業は負けると思ったが、十数年で白物家電やパソコンまで中国製に負けてしまった。筆者は、中国の政治はともかく、輝かしい進歩を見せた中国の技術を高く評価し、トランプ前大統領に反して、ＰＣはLenovo、スマフォはHUAWEIを愛用し、この書を書いている。

香港の子供たちはほぼ全て、小学四年生頃になると、英語名の名前を付け加えていた。周庭はAgnes、黎智英はJimmy、筆者のかつて部下たちは、Linda、Wendy、May、Fannyと自分で気に入った名前を探して付ける。中国に返還されても英名を削除しないと話してくれた。英国に親しみを抱き続け、民主主義を取り戻そうとデモをする、香港居民達に永遠のエールを送りたい。

第二次アヘン戦争と米仏露の脅迫外交

第二次アヘン戦争の話に移る。

一八五六年十月日本では日米和親条約の批准書交換が懸案になっていた頃、広州の港に停泊していた英国籍商船アロー号にアヘン密輸の容疑で清国税関が立ち入り検査に踏み切った。

清国は、アロー号は英国船籍の船としての登録有効期限が失効しており更に、英国籍船と偽装し、通関せずアヘン密輸を企んでいるとして、英国との外交問題にならぬよう、アロー号から英国旗を引き下ろし無国籍船にしてから拿捕し、取り調べる考えでいた。清国海関（税関）は、アロー号はアヘン大量密輸で暴利を得ようと英国商人と清国商人が結託した大型密輸船とみていた。

英国広州領事パークスは過剰な反応をした。栄光の英国旗を野蛮な清国人が手をかけ汚し、英国を侮辱したと本国に緊急電を発し、清国政府に厳重抗議した。英国の世論も激昂、第二次アヘン戦争が始まる。パークス領事は、英国外務省が採用した正式な外交官ではなかった。外務省正式採用はロンドン大学やオックスフォード大学卒業生に限られており、正式組の外交官は全員仏国、西国、蘭国、典国等の欧州駐在か新興の大国米国駐在になった。他方、中国駐在を希望する外交官は少なく、領事館はやむなく領事警察官等の補助職は現地採用せざるをえなかった。しかしパークスは、中国人に対し威力的折衝で英国の権益を拡大させることに長けていた。十五歳で現地採用されたノンキァリアであるが故にがむしゃらに働き広州領事にまで出世し、中国では第二次アヘン戦争の外交処理を手伝い、戦争決着後に日本国総領事（後に公使）に抜擢される。その後、幕末の江戸で目立たぬように討幕に加担するなど、波乱に満ちた叩き上げ外交官である。日本でも幕府を恫喝していたが、アーネスト・サトウのアドバイスで親日になってゆくところは後述する。

清朝政府は英国との戦争は何としても回避したかった。広州では英国海軍と英国陸戦隊との戦いの最中にあり、南京には太平天国を標ぼうする反政府暴動団が迫っていた。その暴動団は江西省で仏国人カトリック宣教師を殺害したことから、ナポレオン三世は英国と連合して強力な連合艦隊を編成、対清国戦争に介入した。清朝政府にはまさに前門の虎、後門の狼にさらされた。

英仏連合艦隊は北上し、北京近郊の天津港を占領、北京への海上輸送を遮断し天津条約を締結させた。この条約により、公使の北京駐在、仏国が要求するカトリック布教の承認・中国内河川航行権と賠償金などを獲得、さらにこの条約で関税率引き下げやアヘン品目改定により、医薬品扱いで輸入することを認めさせた。

当時の清帝国の人口は約四億人であるが、アヘン吸飲者は三千万から五千万人と言われていた。（注⑬）富者や官僚は英国から輸入した害が少なくヘロインともいわれる高品位の精製品を愛好し、貧者特に肉体労働者は、国内産の廉価で中毒性が強い安価な生アヘンを選んだ。世界的に悪名高かったのは阿片窟と呼ばれる場所、上海の不夜城や香港の九龍城等であるが、そればかりではなく、いたるところでプカリプカリとやっていた。福建省では、二百四十キロの平地一面ケシ畑となり、米や野菜を作る田畑より広い地区もあった（注⑭）。

北京条約は天津条約が清朝皇帝に批准されず、中途半端な条約になったため、改めて天津条約の有効性を清朝に確認させたものになるが、中国中部の巨大なバックヤードの入り口になる上海の開港は英国のみならず、中国人商人にも巨額の利益をもたらした。その利益が中国の工芸品や絹や紅茶など立派な商品から生み出される限り、上海開港による国際親善は麗しいものになったであろう。しかし、中国商人はポルトガル商人以上に儲かるもの全てに手を出した。英国や外国商人を取り込む狙いもあり、上海は道徳も倫理感も無くした危険な歓楽街になってゆく（注⑮）。中国商人栄えて、国は亡びつつあった。

その上海を嫌い、希望の地日本に移り、まともな貿易を志したのがスコットランド人のトーマス・グラバーである。長州支援を始め、明治の日本に多大な貢献をして日本人と結婚し子供たちを立派に育てるのであるが、そのことは後述する。

しかし、清朝がロシアに泣きついた仲介料はとてつもなく高いものになる。ロシアは、第二次アヘン戦争の英仏連合軍の徹底的な暴力を受けて委縮した清朝をみて、瑷琿条約を締結させた。瑷琿は、黒竜江の中流にある都市名である。この条約によりロシアは黒竜江以北の沿海州(後にウラジオストック市が開発される）を領土とした。香港・澳門の何千倍もの広さを取られても抗議もしないが、尖閣諸島や南沙諸島など、ちっぽけな島でも軍事力が弱い国と喧嘩して、国威を見せる。

後に英国は香港、ポルトガルは澳門を中国に返還したが、ロシアは知らぬ顔で中国に返還する気はないし、中国も返還要求を遠慮している。ロシアは沿海州獲得により、間宮海峡をはさみ樺太（サハリン）島とロシア本土を繋げたことは、アヘン戦争の最大の利益を得たことになる。このロシアの限りない領土拡張欲に対して、幕府は日露和親条約を以て北方四島を平和的に守り、アヘン戦争の危機対応に専念できた。

隣国のアヘン戦争に幕府の危機対応

日本はその頃、金の含有量を減らした新小判を濫造し幕府財政の欠損を補い、年貢米の減少を抑え且つ新田開発するため、農民が江戸に逃散しないよう人返し令などを施行していた。しかし、この天保の改革は失敗し、老中水野忠邦は失脚、替わって阿部正弘が老中主座に就任した。

天保十三年（一八四〇年）阿部正弘はその時三十三歳、幕政を統括する宰相に抜擢された。その阿部老中に、勘定奉行から火急の報告があった。大英帝国（以下英国と略称）と大清帝国（以下、清国と略称）とのアヘン戦争勃発である。

「ご老中、英国は、広州で清国と開戦したる由、長崎奉行からの第一報が届けられましてござる」

「清国は日本と同じく鎖国を国是として、北京から遠く離れた広東市にて唯一朝貢扱いの細々とした貿易のみ許したと聞いておる。何故それが戦争に至ったのか」

「それは、林則徐と申す清国の欽差大臣が道光帝の勅命を仰ぎ、アヘン二万箱（一箱は60kg）を全て没収、焼却処分にした故にござります。これ以上中国人民にアヘンを吸引させては、清は亡国になるとの危機意識があったようでござる」

「アヘン二万箱とは、凄まじいな。その対価は、清国の年収を越え、幕府や諸藩を合わせた年貢収入を遥かに超えるではないか。それにしても、清国の民はそれほどアヘンを好むのか。役人などが民百姓に無理やりアヘンを吸わせている訳でもあるまいに」

英国はアヘン戦争で獲得した、香港・上海・天津等の中国内陸部への進出拠点を整備している隙に、米国は英国に形だけ手伝った見返りとして澳門の隣の望厦村で望厦条約を締結、英国並みの五港、即ち広州、福州、廈門、寧波、上海を開港させ、中国進出の橋頭堡を得たことは既述した。米国西海岸からみて五港に至る出城は、日本である。

米国海軍の日本進出準備は用意周到であった。数隻の測量船で海岸線と入り江の詳細図、さらに座礁しやすい暗礁の位置や干潮時の水深の測量をした。これにより、数十門の大砲と弾薬に加え数か月の食料を満載して喫水が深くなった戦艦が座礁することなく、近寄れるのは海岸からどこまでか、そこから江戸城や五稜郭等の敵陣を艦砲で破砕できるかは作戦遂行上最も重要になる。

幕府海防掛は、米国が測量している真の狙いはまだわからなかった。アヘン戦争に備えて、日本の防備を固めるのは対英国戦であった。日本の仮想敵国の英国艦隊は前門の虎であったが姿を消した。しかし後門の狼、米国が迫りつつあった。

米国の調査と大艦隊派遣には現在の貨幣価値に換算して少なくも千億円を超える予算が必要であった。その巨額の経費により得られる成果は何なのか。米国鯨漁船の難破した時の人命救助という理由だけではない。

真の狙いは、米国の産業革命と黒人奴隷による繊維産業等の発展が大量生産品の捌け口、即ち、米国内消費だけでは生産過剰になった余剰製品の販売を日本や中国の大市場に求めたことが最大の理由になる。

英仏が喜望峰を回って中国大陸に到達するより、太平洋を横断すれば遥かに航海日数は少なく、しかも灼熱の赤道を通らないから、商品の荷傷みもない。その中国大陸に到着するために日本は絶好の位置にあった。

徳川の天下太平の眠りを覚ますペリー艦隊派遣案が米国議会で承認された。艦隊出航は間近と知った蘭国政府は直ちに長崎出島のオランダ商館長に訓令した。蘭国の国益確保である。日本との独占外交の利益を維持するよう、蘭国はペリー艦隊が来航しても江戸幕府にさまざまの対抗策を助言するから、安心してよい。詳細は続報すると進言し、幕府を蘭国にひきつけよ、と。

それに先立つこと約一年半前、出島のオランダ商館長は、蘭国国王ウィレム一世から将軍宛の緊急の親書と、欧米情勢を年次報告する「阿蘭陀風説書」を幕府老中に報告した。米国政府は巨額の予算案を下院に提出したが、それが承認されたら、江戸湾に大艦隊を接岸させ、日本との和親条約締結を迫るとの恐るべき情報であった。

米国も対日情報は蘭国に依拠していた。海軍長官は日本を追放された蘭学者ズィーボルトの「日本滞在記」をペリーに渡した。日本地理、武力、政治体制、宗教、文化等々を理解させるためである。

これに対し幕府は動揺することなく、江戸湾各所防衛に関東諸藩を割り当てた。その時点では、江戸湾入り口の砲台場は約八か所あるが台座だけで、砲台は未設置だった。品川等沿岸には砲台群があったが、それはあまりに旧式すぎる青銅砲で有効射程距離は二㎞もない。しかも肝心の砲弾数はわずか十六発である（注⑯）ことを報告された老中は愕然となった。その阿部老中の苦慮を推測したい。

老中首座阿部正弘は直ちに外国奉行の岩瀬忠震を呼び出した。岩瀬の抜擢は阿部人事である。

「ご老中、火急のお呼び出しでござります故、何の用意もなく急ぎ参上仕りました。して、御用の向きは？」

「岩瀬、多忙のところご苦労であった。日本の浮沈に関わる大事が来年勃発するぞ。蘭国国王陛下より長崎の商館長経由で報せがあった。米国海軍が数隻の戦艦をもって、数百の砲門を江戸に向け、上陸戦も考え海兵隊員も乗せ、開国を要求しに参るとの事じゃ」

「ついにやって参りますか。それにしても清国を屈服させた英国や欧州の覇者仏国は想定しておりましたが、そうではなく、新参者の米国が参るとは。米国はインデイアンを追い払ってやっと国内を統一したばかり。国土は広くても、人口はこの日本より少ないはずでござる」

「その米国が日本に造れぬ戦艦数隻に武装した海兵隊を数百人も搭乗させてやって参る。これだけの軍艦の石炭や兵員たちに支払う給与や食費など恐らく数百万両になろうな。それができる強国になり上がっているぞ。なぜそれができたか調べる時間は今はない。火急の処置はこれより諸藩による米国海兵隊との戦闘に備えた沿岸砲台や合戦の準備、戦場から町人達の避難、それに江戸住民百万の食料確保などさまざまの手立てを他の老中と談判致し、合戦の用意をせねばならぬ。外国奉行のそちに頼みたいのは、他でもない。英国と清国とのアヘン条約につけこんで、米国が清国にねじ込んだ望厦条約（Treaty of Wanghia）の写しを早急に手に入れ、その内容を子細に検討し、日本に不利益にならぬよう手立てを準備することじゃ。アメリカ艦隊が突き付けてくる、対日条約は望厦条約を基にするであろう。兵力ではアメリカに到底敵わぬとは思うが、国際条約では清国のようになってはならぬ。

欧米から侮られては清の二の舞になり、日本の港は続々占領され百年の租借地にされてしまうぞ。百年後の租借地には日本の文化も経済も教育も言葉も全てなくなり、外地同様になるであろうな」

「仰せのとおりと拝察致します。大国清が屈辱をなめさせられ、英国と締結を余儀なくされた、アヘン戦争もいささか学んでおります。英国の手口は、アヘンを最初は医用麻酔薬として合法的に広州税関に輸入させたことでござる」

「そこよ。アメリカの本当の狙いは、鯨捕獲船の避難港や給水補給だけではあるまい。それを口実に鎖国の鉄扉を開けさせ、江戸の大市場にアヘンを含めあらゆる産品を売り込み、暴利を貪りたいのではあるまいか」

「御意。日本には世界一の金山があるとの風評がアメリカにも伝わり、それを狙っておるやも知れませぬ。それ故にご老中は、米国の狙いが込められた望厦条約を子細に調べよ、と仰せられますか」

「その通りじゃ。清国をなめて力任せに約定させたのだから、何か見落としや不備があろう。この日本がインドや清国のように植民地にされぬよう、輸入関税や禁制品さらに紛争になった場合の裁判権など対抗措置も考えなくてはならぬぞ」

「然りと存じます。アヘン戦争の結果無理やり結ばされた南京条約では、清に外国人の裁判権がないことを知った外国商人共は、中国人に乱暴狼藉することが絶えぬとか」

「岩瀬は良く学んでおるな。裁判所判事を各国の領事にされては、どうしても自国の商人等に甘い判決をするのは目に見えておる。例えアヘンを禁制品とする条約締結ができたとしても、アヘンを輸入させた外国人を日本が裁判し処罰できなくては、日本に密輸が蔓延するばかりじゃ。清国朝廷は民草に次から次に新税を課して取り立て、四億の民を生かさず殺さず絶望させた。そのつかのまの逃避に阿片吸引を許し、またそこからアヘン新税をむしり取ってきた。この日本の治世は清国より遥かにましとは言え、前の老中水野殿は奢侈禁止令などいささか厳しすぎたようじゃ。それでも年貢米の二割ほどは酒造りに回すことを許した。適度の酒は疲労を取り、明日の活力の基になるが、アヘンはそうはいかぬ。アヘン中毒は廃人にさせるだけぞ。アヘンを許せば、この日本は亡国になるぞ」

「御意。望厦条約のアヘン条項と領事裁判権を早速調べまする。して、ご老中は米国以外の開国要求は如何思し召しになられますや」

「米国に許せば、これまで我慢してきた蘭国が黙ってはおるまい。蘭国を味方にしておかなくてはならぬぞ。英国・仏国さらにロシアとも談合して欧州連合軍として開国を迫って来るやも知れぬ。二百有余年も鎖国のぬるま湯に浸かってしまった結果がこれじゃ。この日本は、天下を日本一国だけで考えてしまう気楽な国家に成り下がってしまった。世界は繋がっているのにじゃ。江戸湾の水は細かくみてゆけばロンドンのテムズ川の水とも交わうであろう。海に面していればどこからでも入り込まれることを考えなくてはならぬ。」

「ご老中は、英米仏露の談合を探れとの思し召しでござりますか？」

「左様。難しいことじゃが何か探るつてがないものか。仮に、米国に鎖国を押し破られたら、英仏露も日本に要求するのは必定。さらに新興プロシャも続くであろう。これらの国々は表の看板は威風堂々として隙を見せぬが、どこか手が回らぬところや弱みもあるはずじゃ。それを探っておけ。岩瀬一人では手が回らぬことも承知じゃ。余の名前を使って構わぬ。直ちに必要な人材を幕臣に限らず諸藩から集めよ」

「蘭学者も使えるかも知れませぬ。英・仏・露・普語がわかる学者やそれら国々の財政事情、軍事力とそれを支える国力、文化も知らなくてはどういう考え方をして交渉にくるか予測もできませぬ」

「その通りじゃ。蘭語の読み書きが達者なうえ口八丁手八丁の勝麟太郎と申す者を貴殿の配下に付ければ、少しは役に立つかも知れぬぞ。要は、あらゆる手立てを講じてこの難局の舵取りをしなくてはならぬ。しくじれば、清国の二の舞じゃ。寄ってたかって我が国は分断支配されよう。日本最大の危機と心得よ」

「ご老中や公方様のご憂慮をいささかでもぬぐえるよう、浅学非才ではありますが、この岩瀬、一身に替えまして・・」

「岩瀬、よくぞ申した。外国奉行として考えられる最善のかじ取りを為せ」

「米国はアヘンを医療用などと方便して売り込むことはないと存じますが、用心することが肝要かと。例え百歩譲っても、アヘン輸入許可者は幕府が公認した蘭医にして幕府の医師免許ある者に限定、輸入量も極力些少に制限し、横流しする不埒者は死罪にすべきかと愚考致します。その法度や監視体制つくりも早急にいたす所存にて」

「其れでよい。左様に取り計らえ。そうじゃ、岩瀬の申した肝心なことを忘れておった。何故英国のアジア侵略の動きが止まったのか。インド・シンガポール・香港・上海・天津と次々開国や開港させて勢い余る英国は、何を逡巡しておるのか、探索してみよ。ことによると英国はシンガポールをとり蘭国にバタビア支配をみとめ仲良く手を握っているかもしれぬぞ。日本が絶体絶命に追い込まれるのは、清国がそうであったように、英仏露米の連合軍で攻められることじゃ。米国一国なら、何とか凌げる。万一に備えて英国が黒幕になって、対日連合軍つくりを画策していないかも探るが良い。それとロシアも気懸りじゃ。蝦夷地に何度も現れて海岸線の海図をつくり、函館の港に入りこんでおる。地勢的に日本と国境を分けている国じゃ。その動きが何故とまったか。北の白熊どもは昼寝するほど腹いっぱい詰め込んではおるまい」

「ご老中、畏まって候。英国やロシアが何に手間取って米国に先を越されそうなのか、この岩瀬外国奉行の名に恥じぬよう、探索仕る。差し当たって長崎の蘭国商館員や物売りに来ておる中国商人どもや函館奉行からも情報を得ることに致したく」

「岩瀬、頼むぞ。価値ある情報が得られるのであれば、その商人に何等かの特権を与えても良い。勿論内密に、じゃ。米国や英国には、幕府は何も知らぬと思わせておけば良い。確たる情報を先に得て、二段にも三段にも防備をつくせば最後には勝てる。岩瀬には内密に知らせるが、このあと長崎奉行をして蘭国に軍艦二隻発注を手配させる」

「して、ご老中。その軍艦を如何に運用されるおつもりか、御存念をお聞かせ願いたく」

「江戸湾の海戦に備えて、三段構えにしたい。このあと海防掛老中の真田どのと子細を詰めるが、江戸湾は懐が深い。第一防衛線として江戸湾に入る前の三浦半島とその対岸の安房辺りに砲台を新設し挟撃させる。第二防衛線は江戸湾を埋めて砲台場を設ける。最後の防衛線は品川・佃、日比谷辺りになろうな。品川御殿山はなだらかな面を掘りに変え、そこに上陸させぬよう防塁を築く。かつて元寇が博多湾に襲来したときも防塁が役にたった。岩瀬に先ほど申したが、蘭国から軍艦一隻を緊急に借用し、操船訓練から始める。もう一隻は最新型の軍艦を買い上げる。注文から日本に回航されるまで二年はかかろうから、その間にみっちり操船を伝習させる。できることなら、米国艦隊の背後に忍び寄り一隻でも撃沈したいものじゃ」

「それは、誠に頼もしい限りのおことばなれど、二隻で間に合いまするか？」

「岩瀬、それは当然の心配じゃが、案ずるには及ばぬ。新造軍艦の実物があれば、その設計図と蒸気機関を買い上げ、船体と大砲は自作して完成艦と為せば良い。さすればこの日本で何隻も軍艦を造れようぞ」

ちなみに、この新造軍艦が蘭国のキンデルダイク造船所で建造された、咸臨丸である。当時の最新鋭の軍艦で艦砲十二門を搭載し、推進力は最新式のスクリューであった。ペリー艦隊はスクリューがない外輪船で速度が遅く、仮に一対一の海戦となれば運動性能が良い、咸臨丸が勝っていた。

この蘭国による特別供与と引き換えに秘密の約束があった。通商条約締結の前に、幕府が管理しない自由貿易の拡大である。長崎の蘭国商館を舞台に日蘭政府間による制限貿易をしてきていたが、政府管理を緩め商人同士の取引を認めた。これは、日米通商条約に先立つ試行であった。しかし阿部老中の岩瀬への期待に反し、後に全権交渉役となる岩瀬はハリスとの通商条約交渉で致命的な手抜かりをするが、それは後述する。

老中阿部の施策に戻る。外国奉行岩瀬が重大事を一人で抱えたような面持ちで引き下がるのを見届け、隣室に控えていた用人を呼び、

「海防掛老中、真田幸貫殿をここにお通しせよ」

真田幸貫は、真田幸村で有名な信濃国松代藩第八代藩主である。幸村とその父昌幸が豊臣に味方し、神君家康公に刃向かった謀反人の親族として、歴代将軍側近の譜代大名達から冷遇させられたが、常に譜代大名達に気配りと挨拶を欠かさず乗り切ってきた。しかし高値で売れる特産品を作れなかった松代藩は、米経済を凌駕する商品経済の浸透や千曲川の氾濫などにより財政窮乏は深刻となり、藩の筆頭家老はついに幕府八代将軍吉宗の孫にあたり、寛政の改革で全国にその名を知らしめた、松平定信の次男を藩主の養子にもらい受けた。真田家代々藩主の名乗りとなる幸の字を引き継ぎ、真田幸貫

となった。幸貫の義父である七代藩主幸専は譜代筆頭の井伊家から養子藩主になっており、生粋の真田一族による家督相続をあきらめ、連続して血のつながらない幕府重臣や譜代大名の子を藩主として有難く受け入れたところは、駆け引きに長けて徳川家康を翻弄した真田昌幸・幸村の処世術を受け継いでいた。よって取り潰しもなく明治に存続し、小藩ながら真田家は伯爵の爵位を授けられた。

重臣定信の威光衰えなかったこともあり、譜代大名達をさておき、外様藩主真田幸貫は老中に上り詰めた。

「幸貫殿、諸事多忙のところ恐れ入るが、既に老中各位にお伝え致したように、来年には米国艦隊が江戸にやって参る」

「阿部様、さすれば御用の向きは海防掛として、江戸湾防備策を講ぜよ、とのご沙汰では？」

「左様、お察しの通りでござる。貴殿は良き家臣に恵まれておられるが、その中でも佐久間象山と申す蘭学者が秀逸と聞く。その象山が貴殿に意見書を提出、貴殿が裁可された後に身共に回ってきたが、一読し得心致した」

「恐れ入りましてござります。有難きお言葉、象山にも申し伝えまする」

「象山はさすがの者じゃ。蘭書の戦略論を読みこなし欧米人の戦争の仕方を理解し、実によく考えておるぞ。洋書翻訳ばかりでなく使える策もある。米国艦隊の最大戦略は江戸城上陸戦の前に、江戸湾を入り口で封鎖するとみたことじゃ。米国はその要求が認められない時、艦隊の戦策の第一は、江戸湾封鎖。これで江戸に住む百二十万の民は、飯も味噌醤油も絶たれるばかりか、品川、佃や羽田あたりの漁師も漁に出られず、魚もとれず一心太助達も貧するぞ」

佐久間象山の献策では、異国船の来航とは、その要求を拒否すれば交戦も覚悟しなくてはならない。江戸の住人は将軍から庶民に至るまで大型廻船による物資輸送に依存している。上方からの海上輸送をどう確保するかが、戦局の帰趨を左右し、さらには幕府の浮沈にも関わる重大な問題と指摘している（注⑰）。

「ご老中、身共の松代藩には千曲川が流れ、それに沿って北国街道もござれば、陸運と海運の輸送量には極めて差があるのは良く承知しております。馬の背に括り付けて運べるのは、僅かに米三俵でござりますが、舟で運べば米百俵も可能。まして大型廻船、そのなかでも千五百石船ならその二千倍にもなろうかと。しかも武器弾薬の輸送や米国陸戦隊との戦いに大量の馬が優先して徴発されるとなれば、食料運搬の馬二千頭は容易には集められませぬ」

当時人間一人あたりの米必要量は、年一石とされていた。勿論成人労働者は一石では足りないが、成人女子なら八掛け、老人子供は七掛けとされており平均的には年一石となっていた。この他に蕎麦・団子等に加えて様々な野菜も食するから、加賀百万石の米は、凡そ百万人の老若男女が食べていける経済力になる。

「さすがは幸貫殿、良く城下の視察や実地検分もされておられる。米の次に大事な味噌醤油は東北雄藩に指図し、銚子で陸揚げさせ荷馬隊で運ばせれば当座は凌げるやも知れぬ。あとは、米国艦隊との我慢比べになるぞ。しかし上方からの上物産品は箱根の山を越えて馬で細々と運ばせる訳にはいかぬぞ」

「上方からは、灘の銘酒から始まり木綿など衣類、病に効く多くの薬、塩たばこや調理用具など数え切れぬほど必需品がある。江戸湾が封鎖され、上方の品々が届かぬとわかれば、諸物価は高騰し暴動がおきる。食料を扱う店は襲われ、全て奪いつくされようぞ。」

「ご老中は、米国はそうなることを狙っていると思われますか?」

「その通りじゃ。軍艦に備置している弾薬には限りがある。敵前で弾を全て打ち尽くすわけにはいかぬ。江戸中に米騒動が広がり、政情不安や内乱になるのを待つであろう。棚から牡丹餅で勝つのが最良の策じゃな」

「して佐久間象山の献策で使えるところは如何思しめされますか?」

「うむ。江戸湾は浦賀水道から品川まで懐が深いから、袋小路にすれば良いのじゃ。第一防衛線は江戸湾に入る手前の三浦半島と上総の間で高台から艦隊を挟撃できる台場を新設する。米国艦隊が何隻になるか分からぬが、二隻でも沈められたら上出来よ。品川沖の第二防衛線は象山が子細に調べた出城のような台場でよいが十か所ほど埋め立てたい。米国の戦艦は横腹を見せなければ一斉砲撃できぬ。直進してきた艦隊が順番に転舵する一瞬を狙うのじゃ。転舵すると船は傾き水平になるまで艦載砲は撃てない。想定される進入路と転舵地点に砲撃できるよう、砲台場と砲台の方向を決め射撃訓練することが肝要ぞ」

「然らば、早速第一と第二防衛線の防備にかかります」

「そのように図ってくれ。第三防衛線となる陸地防備の石垣や陣立て書も入念に作成してくれぬか。それと、一年以内に砲台場に設置する大砲が何門製造できるかが対米戦の要諦になる。百門以上揃えられたら良いのだが」

「短期間に百門となれば、江戸中の寺から鐘を接収すれば数だけは揃えられますが。昔の中国が張子の虎を使ったように」

「米国艦隊相手に今さら青銅の大砲など、何の役にもたたぬ。世界中に笑われるだけじゃ。伊豆韮山代官の江川英龍が反射炉を作りおった。それなら、鋳鉄長砲身の大砲がつくれるやもしれぬが、砲弾も相当多く必要になろう。急ぎ五千発ほどつくらせよ。それができないうちは、異国船打ち払いなど、笑止千万。四、五日後には老中を参集し評定にかけ、関東諸藩に賦役を命ずる。掛かる経費は幕府が大半を負担するため金子を十分に用意するよう、勘定奉行に沙汰しておく」

「ご配慮、痛み入りましてございます」

「急ぎは大砲と、象山が献策しておるように江戸湾を回避する、銚子荒川運河の緊急整備になるぞ。これができれば、銚子から江戸に米・味噌・醤油が補給でき、民の暴動も一時は防げよう」

阿部正弘の国内対策は迅速に進められたが、阿部は将軍後継者問題でも心労をかさね、一八五七年八月（安政四年六月）、老中首座在任のまま急死した。三十九歳の若さであった。

後任の堀田正睦は前任者の評判が良かっただけに、岩瀬とともにことを急いでしまい、大量の日本の金貨が吸い取られることになった。阿部が抜擢した岩瀬が期待に反し、国益を大きく損じたが、そのことは後述する。

クリミア戦争とアームストロング砲

アヘン戦争のあと破竹の勢いで日本に押し寄せる筈の英国が突如その動きが止まったのは、クリミアで戦争が始まったことによる。クリミアとは、ウクライナ本土から突出した半島であり、面積では日本の四国より広い。ロシアはそこにセヴァストポリ軍港を築き、ロシア海軍の黒海艦隊を配備し、黒海から地中海に睨みを利かせていた。

ロシアとオスマン帝国は黒海やその周辺を巡り何度も戦争をしてきた不倶戴天の国になる。ロシアは当時から大国であり、大軍を動員できるが、大軍になればなるほど武器弾薬・食料・衣料や野戦テント等々膨大な物資を補給しなければならない。それができず大敗したのが、ナポレオン軍であり、後のナチスドイツ軍である。荷馬車隊の輸送量など論外であるが、大量輸送できる鉄道にしても線路規格が国により異なり、一貫輸送は不可能になる。線路に合う貨車に積替える都度滞貨が発生し、その地点ごとに作業要員と警備に戦闘兵が転用されていた。

他方、輸送船団であれば、膨大な補給が可能になる。その輸送船団が攻撃され撃沈されないように、黒海の制海権をめぐる戦いがクリミア戦争の原因の一つになった。

一八五二年十二月オスマン帝国は黒海の制海権を確保するために、まずは安全なアドリア海に小艦隊を待機させ、ロシア海軍の戦力を偵察したことにロシアは猛烈に反発、ロシアとオスマンは一触即発になっていた。

その頃米国ペリー艦隊は、ニューヨーク近郊のノーフォーク港を出港、大西洋からインド洋に入り、江戸を目指す大遠征航海を始めていた。英国や仏国も、ロシアとの全面的開戦が不可避となり、日本に大艦隊を派遣などできなかった。もしクリミア戦争がなければ、英国はアヘン戦争講和条約により、獲得した上海から艦隊を送り込み、日本を狙ったのは必然になる。しかし黒海の橋頭堡になるクリミア半島の戦いは一八五五年まで死闘が繰り返され、英国上海艦隊は黒海や地中海方面に配置換せざるを得なかった。世界一の英国海軍が上海艦隊をアドリア海に展開すれば、劣勢となるロシア艦隊も松前方面に遊軍させておけなくなり、ロシアも日本進出は後回しにせざるを得なくなった。世界は連動しており、欧米やロシア等の大国の動きを注視しなければ、本当の日本防衛戦は出来ない。

この七十五年後には独ソ不可侵条約が突然締結され、日本の首相はまさか同盟国ドイツが日本の仮想敵ソ連と手を握るとは〝欧州情勢は複雑怪奇〟の迷言を宣わって辞職したが、欧州各国は非常識な首相と思ったであろう。欧州の常識は、昨日の敵は今日の友であり、昨日の友は今日の敵になる。それに備え大使館等から情報を常に得て、敵味方の分析と対処ができなければ一国の首相は務まらない。

一八五三年七月、ペリー艦隊が大統領親書を日本に押し付け、米国への帰国航海を始めたころ、ロシアはオスマン帝国の宗主権の下で自治を認められていたモルダウ、ワラキア（現在のルーマニア）に進軍した。ロシア側は宣戦布告なしに小規模戦闘を開始したが、オスマン帝国側はドナウ川を防衛線として軍を待機させた。オスマン帝国陸軍とは亜熱帯に位置する軍隊であり、ロシア有利の冬季の野戦前に決着をつけるべく、十月前に宣戦布告なしにドナウ川を渡河し、ロシアと決戦する。

大きな戦いになると、巨額な軍事予算が認められ、強力な兵器を開発し、戦場で実戦テストされる。クリミア戦争時に英国軍事工場でアームストロング（William G. Armstrong）技師が開発したアームストロング砲が、一八五五年に英国陸軍に制式採用された。（注⑱）

大砲から弾丸を発射させるには、砲尾にある着火口に火をつけた棒を差し込み、火薬包に着火する。その瞬間に火薬が爆発し砲弾が飛び出すが、大きく重い二十kg程の鉄の弾丸を五km以上飛ばすには相当の爆発が必要になる。連続して爆発させても砲尾が破裂しないように、砲尾は非常に肉厚で子馬の尻のような丸い鉄の構造になった。

しかしこの大砲の欠点は、火薬成分に黒鉛が使われたことから、発射後の黒い煤を除去しなくては次の発射ができなかった。砲尾にこびりついた煤を、熱せられた砲口からそぎ取る清掃作業は大変で時間もかかり、発射間隔が必要になった。

これを全面的に改良したのがアームストロング砲である。砲尾に穴を開けて大きなネジで蓋をする方式にして、弾丸と火薬包みを砲尾から入れ発射する方式に改良した。これを後装砲と言い、発射後の煤取り作業が素早く行え、ほぼ連続射撃を可能にする画期的なものであった。更に砲身内に線条ライフルを刻み込むことで、弾丸の飛距離は約十km以上に伸び、かつ弾道が安定し目標を外さなくなった。

このアームストロング砲が艦載砲となり、初めて日本が艦砲射撃されたのが、一八六三年の薩英戦争である。半時もしないうちに、鹿児島の街と民家は、弾丸の着地爆裂により全焼させられた。しかしこの恐るべき兵器の破壊力を見せつけられても日本はたじろがず、薩摩藩を始め佐賀藩更に長岡藩などはグラバー商会等の英米武器商人から密かに購入し、肥前や薩摩藩は国産化に成功したとされる。

討幕戦の主要場面即ち、戊辰戦争長岡戦、上野彰義隊戦さらに会津若松城砲撃でアームストロング砲は破壊的殺傷力をみせ、鳥羽伏見から北上した討幕戦を一気に短期化させたことは幕末の締めくくりとして後述する。

◎第一章　注釈

注①「布のちから　江戸から現在へ」田中優子（法政大学総長）著　P170

グァテマラに限らぬスペイン人たちの様々に非道な行為が報告される。戦いに出る時、既に捕えたインディオを連れて行ってインディオどうしを戦わせ、彼らの捕えたインディオの肉を食べさせたこと、（中略）夫婦親子を引き離して女たちを水夫に与えたことなどである。この章の最後でラス・カサスは書く。『どれほど大勢の人が現世の孤独と来世における永劫の苦しみを味わわされたことか。とりわけ、このことは無数のインディオのみならず、あの忌まわしいキリスト教徒たちにも言えるのである』と。宣教師でありながら『忌まわしいキリスト教徒たち』と言わざるを得ない状況を、カサスは見ていた。

注②「飼いならす　世界を変えた10種の動植物」（エジンバラ大学教授）アリス・ロバーツ著　P151

病原体もコロンブス交換に含まれていた。ヨーロッパ人はアメリカ大陸から梅毒を持ち帰ったが、一方で天然痘を新世界へ持ち込んで、惨憺たる結果をもたらしたのである。アメリカ大陸の先住民の人口は、ヨーロッパ人の征服後に激減した。一七世紀の中ごろまでには、先住民の九〇パーセントが死に絶えていた。

注③「家康とドン・ロドリゴ」岸本静江著　P198

家康はリーフデ号を伏見に曳航させて実見、積荷の大砲・小銃・火薬などの武器類を没収の上、直後の上杉景勝征伐にはオランダ人乗組員に大砲を持たせ従軍させたと言う。また航海士だったアダムスを引見し、その造船技術（彼は青年時代ロンドン郊外ジリンガムの造船所で造船に携わっていた）、航海術、天文学の知識に驚嘆した。豊後漂着翌々年には伊東で二艘のガレオン船をも築造させた。

注④「アヘン戦争と香港」矢野仁一著　P19
西暦一六一六年にコックス（Richard Cocks）が東インド会社にあてた書簡に、「支那と貿易を開く望みがなければ、日本に留まる必要はない。しかし、日本には銀が十分にあって、思うままに持ち出すことができるが、それには日本人が好むような貨物を持ってこなければならない。

注⑤「東京大学資料編纂所　日本関係海外史料　イギリス商館長日記　訳文編之上」担当者　金井圓・五野井隆史
その後徳川家康の外交顧問となったウイリアム・アダムス（三浦按針）が、平戸イギリス商館設置に関って力があったことは周知の通りである。東インド会社の第八航海の司令官ジョン・セーリス John Saris は、一六一三年旧暦六月十二日平戸に来航、アダムスの仲介で九月八日には駿府にある家康にジェイムズ一世の親書を提出、江戸で秀忠に謁し、帰路貿易開始の許可を得て平戸に帰り、十一月二十六日に船船会議を開いて、平戸イギリス商館の開設を決議し、コックス以下八人の館員を任命して十二月五日に日本を去った。

注⑥「三浦按針と横須賀」監修　平尾信子　横須賀市企画調整部文化振興課編　P9

こうした心境のアダムスを慰めたのは、三浦按針になってから結婚した妻（江戸の町名主・馬込勘解由の娘といわれている）と二人の子ども、さらには逸見の村人の存在ではなかったでしょうか。アダムスに帰国のチャンスが来ました。一六一三年（慶長一八年）イギリス国王の親書を携えた使節のジョン・セーリスが平戸にやって来ました。イギリスではアダムスの日本での活躍ぶりが伝わっており、日英関係の成否はアダムスにかかっていることをセーリスも承知していました。しかし二人の仲はうまくいきません。セーリスはあまりに日本びいきのアダムズが気に入らなかったのです。（中略）アダムスはセーリスからの帰国の誘いを断ってしまいます。

注⑦「戦国日本と大航海時代」平川新著　P125

加藤栄一氏の研究によると、オランダ平戸商館の一六一五年の輸入額の二八%、輸出額の一三%はポルトガル船からの捕獲品だという。一六一七年に平戸から出帆したオランダ船の積み荷の八八%は中国船からの捕獲品であり、日本調達は一二%にすぎない。驚くべきことである。オランダは洋上で略奪した物資を平戸へ搬入して日本へ売り込み、また東南アジアへも転送して巨利を得ていたのだった。（中略）ただこれはオランダだけの行為ではない。ポルトガル船やスペイン船も、同様にオランダ船やイギリス船を襲撃していた。それがために、一六二〇年、オランダとイギリスは平戸で両国の防御同盟を締結した。

注⑧「同書」P82
バテレン追放に関する「十八日覚」では、次のように日本人を奴隷として売買することを厳しく批判し、その停止を命じている。「大唐、南蛮、高麗え日本仁（人）を売り遣わし候事、曲事。付り、日本におゐて人の売買停止の事」（現代語訳）「明国（大唐）や東南アジア（南蛮）、朝鮮（高麗）に日本人を売り渡してるのは悪事（曲事）である。付言。日本において、人の売買は禁止する。（中略）だがポルトガル人は海外進出とともに、アフリカやインド・東南アジアで奴隷ビジネスを広範に展開していた。ポルトガル人は鉄砲を初めて日本に伝えたことで知られるが、奴隷商人でもあった。ポルトガル人の渡来とともに日本も奴隷市場に組み込まれたのである。とくに女奴隷は価値があった。

注⑨「間宮林蔵」吉村昭著　P13
寛政十年（一七九八）四月、幕府は近藤重蔵をエトロフ島調査のため派遣した。重蔵は、最上徳内らとともにアイヌの舟でクナシリ島からエトロフ島に渡り、島の南部のタンネモイに「大日本恵登呂府」という標柱を建て、クナシリ島にもどった。

注⑩「高田屋嘉兵衛」童門冬二著　Ｐ１２４

この時のロシア船は、大体二千石積み位で、長さ二十二間一尺、幅九尋ほど。マスト三本のうち、一本は長さ二十六尋、上の桁は二十間あまり、他の二本は、二尋ほど短い。帆の数は三十二もあり、麻織一重の布である。大砲は二十門ほどある。七百匁の弾が撃てるようだ。

注⑪「アヘン戦争と香港」矢野仁一著　Ｐ７２

当時広東における対英貿易は支那政府の一大収入源をなし、また貿易貨物の陸揚・船積、輸出貨物の製造・運輸等は多数の地方人民に職業を与え、支那としても実はこれを禁止し難きものとなっていた。

注⑫「同書」Ｐ１２４

西暦一八三六年、即ち道光十六年に太常寺少卿（宗廟礼儀担当次官）許乃済が上奏してアヘン弛禁説を主張したのも、銀の流出を防いで財政を裕にせんことを主としたもので、かれはこの上奏において、アヘンの禁はいよいよ厳にして吸飲者はいよいよ多く、ほとんど天下に偏く、また法令は小吏・小使・悪徒・無頼漢などの利益と恃むところで、厳峻なれば厳峻なるほど、小吏・小使の賄賂はいよいよ豊かに、悪徒・

無頼漢の計はいよいよ巧みになって（中略）アヘンを吸飲するものは大概皆遊惰無志、軽重するに足らない徒輩であり、また齢五六十を越えてなお吸飲するものがあり、（中略）海内の人口は日に繁く、断じて戸口減少の憂いはない（後略）。

注⑬「暗黒大陸中国の真実」ラルフ・タウンゼント（元米国上海副領事）著　P240
国民は悪癖に、特に阿片のような怠け者が耽る遊びを歓迎するから「病膏肓に入る」。阿片は何百年前からあるが、あんなに熱烈歓迎する国はない。中毒になるかならないかは、その国の民族性や歴史伝統によるものである。なぜなら、古代ギリシャにも阿片はあったし、地中海諸国に阿片が入って数百年になるが、中国人のようにこれに飛びつくことはなかった。

注⑭「同書」　P232
阿片は一番作りやすいので、現金収入には「持ってこい」である。また手軽で、隠しやすいから駱駝と子馬と人力が頼りの国でも簡単に流通する。豊作の年にどっさり売った分、中毒患者もどっさりこさえたからいくらでも売れる。煙管で吸うのが中国式で、中国全土どこへ行ってもプカリプカリやっている。洒落た様式の上海でも、昼といわず夜といわず、あの独特の酸っぱい香りの煙があちらの路地からプカリプカリ、こちらの路地からプカリ、一度嗅いだら忘れられない。（中略）去年（一九三一年）、福建省では、二百四十キロの平地一面ケシ畑となった。米や野菜を作る田畑より広い地区もあった。（中略）隣の貴州も、また北部の陝西も同じ。また、甘粛省の北部の工作可能な土地はすべて阿片である。（後略）

注⑮「トマス・グラバーの生涯　大英帝国の周縁にて」　マイケル・ガーデナ（英国Univ. of Warwick 教授）著　P33

仕事の後の数時間を過ごすための、外国人向けの酒場や飲酒クラブが群れをなし、外国人の水夫に娼婦をあてがう「レクリエーション」地区もあった。当時の上海における児童買春についての毒々しい話もあるが、セックス産業は外国人用に拡大されただけで、需要と供給の法則にぴたりとおさまるものであった。それは、グラバーのような投機家の網膜に強烈に焼きついた。彼はアヘンの密輸をやり過ごし、売春地区についても妄想を抱きはしなかった。どちらも、中国人が金を必要としていたから存在したのだ。

注⑯「幕末明治の科学技術」　菊池俊彦著　P175

異国船打ち払いを口にするのはやさしいが、現実には、江戸湾防備の要である浦賀にすら、実戦に役立つような大口径の砲弾はわずかに16発、砲そのものも旧式な青銅砲という始末であった。

注⑰「幕末政治と開国」　奥田晴樹著　P102

象山は、異国船の来航、あるいはそれとの交戦時において、江戸湾に入港する廻船による物資輸送をどう確保するかが、さしあたっては交渉あるいは戦局の帰趨を左右し、さらには幕府の浮沈にも関わって来る、重大な政策課題であることを指摘している。

注⑱「アームストロング砲」司馬遼太郎著　P297

〝これが普通の大砲だとこうはいかない。砲の前方筒口から発射薬の袋をおし入れ、棒でつつきつつ十分押し込んで砲尾に定着させ、ついでまるい弾丸をころがしこむ。それも、一発射てば砲身が熱くなるため、適度に冷えてから次の装填をせねばならないが、このアームストロング砲の場合なら、砲尾が過熱することはめったにないからつぎつぎに射てるというのである。このため、普通砲の十倍以上の発射能力があるというのだ。（十倍）秀島は、驚嘆した。「さらに、射程がちがう」と、兵曹長はいった。普通、要塞砲としては最大射程をもつといわれている二十四ポンド加農砲でさえ二千八百米を飛ばすのがやっとであるのに、このアームストロング砲ならこの程度のちっぽけな砲でらくらくと四、五千米飛ばすことができるという。「だから」と、兵曹長はいった。「この長崎港には将軍の要塞砲がずいぶんならべられているが、海陸で戦った場合、この艦は四千米しりぞきさえすれば、陸上砲台は一時間で沈黙させることができる」

第二章　マシュー・ペリー提督と日本初の日米外交交渉

鎖国を続ける日本に、ペリー艦隊出航が間近になってきた。測量船が頻繁に日本の港を臨み、海岸線の測量や干潮時の水深等の調査を終了、その報告書が海軍長官に提出された。ペリー提督は、米国大統領の親書を持参し、正式に国対国の外交交渉を申し入れる。幕府は交渉場所として長崎を指示するが、ペリーは拒否、江戸湾の入り口に艦隊は居座る。長期交渉を避けたのはペリーの賢明な戦術である。当時の品川は狭い埋め立て地であり、高い建物はなく、大型帆船の十数メートルあるマストから、江戸城天守閣が見え、そこに発砲も可能であり、威圧感は十分になった。

幕府は予期していたとはいえ、日本の統治者が住む江戸城に、飛び道具でいきなり王手を仕掛けられたと思ったことであろう。

日本遠征艦隊司令長官にペリー提督を任命

一八五一年十一月米国海軍郵船長官マシュー・ペリー（Matthew Calbraith Perry）提督は海軍長官の呼び出しを受けた。急ぎ長官室に向かうペリーは思い当たる失策はなかったが、自分の年齢が五十八歳になることから、早くも役職定年の内示かと覚悟し、長官室の分厚いマホガニーのドアをノックした。

「長官、マシュー・ペリー、お呼びにより参りました」

「ご苦労。中に入ってくれ」

長官室の大きな執務机は茶褐色の樫材で、卓上にはマスコットの星条旗が置かれていた。

海軍長官の真後ろには、合衆国大統領ミラード・フィルモア（Millard Fillmore）の大きな肖像画が掲げられていた。

「失礼します。早速ですが、ご用件をお聞かせいただけますか？」

「貴下には、対欧州のみならず、対アジア郵船航路を整備してもらい、郵便や無線の情報ネットワークの基盤ができた。これで世界中の情報を集め、米国の国益を正しく検討でき、大統領閣下も大変評価されておられる」

「それは大変ありがたいお言葉です」

「大統領閣下のご指示は、中国・日本遠征艦隊の編成と司令長官の人選だ。海軍長官として貴下を推薦したいと考えているが、引き受けてくれるか？」

「突然のお話しですので、決断の前に幾つか考えておかねばならないことがあります。中国・日本遠征艦隊は新設になりますが、その目的と任務をお聞かせ頂けますか？」

「そう質問するのを待っていた。司令長官職を打診されたら、達成目標とそれに伴うリスクは何か、それをどう回避するか考えるのは後回しにしてすぐ飛びついてしまう指揮官では困る。軽挙妄動されては一国の名誉に関わるからな。正確に言うと中国・日本艦隊は、既存の東インド艦隊から新鋭艦をとりあえず四隻ほど引き抜く。新艦隊の目的は、太平洋に活動している我が国捕鯨船は数百隻あるが、嵐になった時の緊急避難港の確保だ。これなら人道目的であり、相手方も拒否できないはずだ。しかし真の目的はそれを理由にして日本と国交を樹立し、続いて通商条約を締結することにある。それができれば、日本の江戸や長崎それに琉球王国と上海を繋ぐ航路を万全にできる。貴官も承知と思うが、我が国も産業革命を達成し、繊維製品や軽工業品が大量生産され倉庫に山積みになっている。日本や中国に売り込まなくては繊維産業は倒産してしまう。繊維製品の次は軽工業品になるだろう。それらを日本や清国に売りさばくには太平洋航路を整備しなくてはならない。これは国家プロジェクトであり、これを成功させなくして我が国の発展はない、と大統領は仰せられた」

「ペリー君、貴下に十分検討してもらうため回答は一月三十一日まで待つことにする。その時に貴下の実行案やそのための希望条件、リスクがあればその回避策も聞かせてもらえるかな？」

「引き受けさせて頂く時には、実行案や条件などもご提示致します」

期限となる一八五二年一月三十一日朝、海軍長官室に入ったペリーに、海軍長官は、

「ペリー、決心をしてくれたか？」

「Yes, Sir 米国の威信をアジアに示すため、小職の海軍軍人最後の重大任務と心得、全力を尽くす所存であります」

「それは有難い。良く決心してくれた。早速だが、中国・日本艦隊参謀長と四隻の艦長人選、乗艦させる要員数、四隻の装備、艦隊の日本到着日と投錨地、航路と経由地や港、その往復日数とその間の補給物資を含めた総予算を概算で提出してくれ」

「承知致しました。我が国を代表して日本と外交交渉するために、艦隊司令長官に加えて特命全権大使の権限も委譲させていただきたいと思います。次に急ぐのは、艦隊スタッフの人事ですが、参謀長にはアダムスが最適です。彼と作戦の仕上げになる江戸湾進入計画の骨子を固めます。その上で詳細案は、小職の副官としてコンテイとベントに積み上げさせます」

「特命全権大使の役職委任については、大統領閣下に早速お願いしてみる。参謀長や副官人事は長旅になるので、貴官と気が合う者が良いから、貴案で可とする。この作戦遂行上早く決めておくことは

ないか？」

「長官閣下に一カ月半ほど時間を頂きましたので、日本という国の国体、民度、経済力や軍事力なども少しは研究してみましたが、近隣諸国の清や朝鮮とは異なり、民度が高いように思われます。これは民衆が外敵を見た時に国家を意識し、結束する力になるでしょう。こういう国を力づくで一気に攻めるのは良策ではない。死力を尽くした国土防衛戦争になりかねません。民度の低いアステカ王国は簡単に征服されましたが、日本は、国中が戦国となって戦い抜いて平和を築いてきた民族です。この民族には慎重に、カネはかかりますが、日本に条約準備のため一年猶予を与える二段階作戦が良いと考えますので、ご検討頂ければ有難いです」

「ペリー、二段階作戦については同感である。貴官からその意見具申がなかったら、貴官に尋ねてみようと思っていたところだ」

「二段階作戦にご同意頂き、ありがとうございます。もう一つ気になるのは、二百五十年も友好を深めてきた蘭国の我が国に対する反応です。蘭国は、これまで得てきた独占的権益を半減させるかも知れない国の出現を歓迎するわけがない」

「その通りだろう。確か貴官の娘婿は蘭国公使をされていたな。蘭国は日本情報の宝庫だ。何か米国に有益な情報を得ているか？」

「長官、確かに娘婿は駐蘭国全権公使を拝命いたしておりますが、国務長官の許可を頂かないことには、義父といえども外交機密は話してくれません」

「なるほど、娘婿殿は職務規律を遵奉する良い外交官だ。貴下が申したように、この件は重要だから、国務長官に情報開示を申請しておく。それと肝心な江戸湾又は近くに投錨する最適な時期はいつと考えるか？」

「江戸湾の砲台数・位置や射程距離など日本の攻撃力はまだ参謀長と検証できておりません。いきなり江戸湾に突入して正当防衛で撃沈されぬよう、陸上砲台の射程外を投錨地とします。招かれざる軍艦には防波堤も利用させてくれないので台風の季節前の七月、現地到着時間は早朝が良いでしょう。その頃は太陽が輝き、幕府軍の防衛体制も良く視認できます」

「さすがにペリー提督は、良い作戦計画を考えている」

「ついでになりますが、日本人は盆暮れ正月など贈り物が好きな民族と日本見聞録に書かれていました。良い贈り物をして将軍やその奥方他要人達を米国好きにさせ、条約締結気運を醸成したいと考えます」

「そうしてくれ。贈り物は個人的に喜ぶ品と、米国の工業技術に驚き且つ憧れ、日本が取り入れたいと思わせる品も忘れるな。つぎは我が工業製品を売りまくり、メキシコ産より良質な日本銀を全て頂く。ｈａ　ｈａ！」

「了解しました。個人用と幕府技術研究所用と両方用意するよう、そのリストを作成し後日ご承認を頂きたいと思います」

「米国の威信を賭けた大遠征隊になるが、随行者は貴官が江戸まで陸行や宿泊時の護衛をする海兵隊には精鋭を集める。インデイアンのように、馬に乗った何千もの日本のサムライが、貴官の首を狙ってきても、騎兵隊の如く最新式銃で全て撃退させるぞ。万一サムライと戦闘になって刀傷を受けても名誉の負傷だ。優秀な外科医を何名か軍医に徴用して旗艦以下全ての艦に配置するから心配には及ばぬ。しかし戦死よりも、赤道をアフリカ沖とシンガポール沖で二回も炎熱海域を航海する長い船旅になるから、病になって神に召される水兵や軍属もでよう。従軍牧師は二名、水兵の中にはイタリアン、スパニッシュそれにアイリッシュもおるからカトリックの神父も一人手配しておく。暗い話はさておき、法螺貝のサムライ軍を圧倒する軍楽隊も二隊用意し、江戸まで響き渡るような大音量の吹奏楽と華麗な礼服で行進させよう。他にはないか?」

「閣下、二回の遠征で、延べ人員だけでも二千名を越える旅団並みの大部隊になり、その経費は膨大です。うるさ型の老人議員が多い上院報告用に、彼らがけちつけず大変感心するような、提督一行と軍楽隊の上陸図、日本の応接使の姿を始めとして、日本の名城、神社仏閣、民家の生活と風俗、和船、山並み、海岸線、等々興味深い数百枚の挿画も付け、千ページ位の大作となる遠征記を監修したいと考えます。文章だけでは議員の先生方は五ページも読めばあくびがでるでしょう。そうならないように、専門のスケッチ画家を二名同行させ、オリエンタルの情景を描かせ、この遠征はコストパフォーマンスがあったと米国政府と議員たちを納得させたいと考えます」

「ペリー君、それは良いアイデアだ。Veni, vidi, vici,（来た、見た、勝った。ユリウス・カエサルの戦勝報告文）はつまらぬ悪文だ。ブリタニカのような資料を付けて読み応えある、報告書にしてくれたまえ」

海軍長官はペリーを気に入ったのであろう。話が弾み、冗談まで言ってしまった。

「蘭国商館の資料では、日本にはローマ風呂に劣らぬ混浴風呂があるそうな。若い日本人男女も魅力的に描かせてはどうか。議員は勿論その奥方も喜ぶようにな。その趣旨は、あくまでローマ風呂と日本風呂と学術的見地から比較文化した、と格調高い注釈を忘れないように。貴君の遠征記を謹呈する議員の中には保守派のカトリック教徒もいるから、逆効果になっては困るぞ」

ちなみにこの比較文化の趣旨で描かれたのが、ペリー遠征記の付録として格好の話題になった〝下田公衆浴場の図〟である。異国人の画家が日本の公衆浴場に無断で入り込みスケッチできるわけがない。日本側応接掛が特別許可したのであろう。

黒船艦隊第一次来航

一八五二年十一月、ペリーが座上する遠征艦隊はワシントン近郊にあるノーフォーク軍港を出港した。江戸湾到着まで約十カ月を要する長旅になるが、その間ペリーは未知の国日本の外交史や生活習慣そして日本人はどういう考え方をするのか欧州やロシアから取り寄せた各種資料を読み込んでいた。その中心になるのは、長崎蘭国商館から追放されたズィーボルトの書籍である。このペリーの日本調査を聞きつけたズィーボルトは、日本再訪問の絶好の機会とみて遠征艦隊アドバイザーとして同乗を強く希望したが、ペリーに拒絶されたことは既述した。蘭国政府も米国と合同して対日交渉することを申し出てきたが米国の国益に合わないと拒否された。(注②)

一八五三年四月、艦隊再編成と水・食糧・石炭の補給のため香港に入港すると、アヘン戦争の海戦現場と中国人の民情視察もした。

ペリー提督は、海兵隊の精鋭護衛隊と共に、珠江の大河を遡り、不潔な中国人の生活を見て失望を禁じえなかった(注③)。

四隻の艦隊は香港を出港すると江戸湾入港に先立って琉球に立ち寄った。江戸湾には少なくも十日程度は居座り、江戸城に数十門の大砲を向けて砲艦外交をちらつかせる作戦であったが、その艦隊戦闘員ほか軍楽隊や軍医に神父と牧師・通訳・画家等々の随員を含め総員約千三百名の水や新鮮な食料に石炭等の補給は江戸湾戦闘の前にたっぷり備置しておく必要があった。

琉球は当時日本領ではなかったが、上海・天津を繋ぐ交通の要衝になるため米国は琉球とも通商条約を締結する考えでいた。日本とは異なる生活風俗を知るため、琉球に上陸し(注④)、琉球王に贈り物をし、友好関係にしておきたかった。

一八五三年七月（嘉永六年六月）予定より少し遅れて一七時、ペリー艦隊は浦賀沖に投錨、停泊した。夏至の頃であったから、日本の海岸が良く観察できた。砲台群も小銃部隊も伏兵も見当たらず、海兵隊が無血上陸できる適地だと思いつつ、対メキシコ戦を戦ってきた海兵隊長に指示した。

「砲台場や小銃部隊や弓・槍隊が隠れていそうな繁みや窪地がないか、良く観察せよ」

海兵隊長に加え、各艦からも手旗信号で旗艦に報告がされたが、どこにも敵兵の報告はなかった。

ペリーは各艦長に命令した。

「日本に初上陸し、大統領閣下の国書奉呈は明日朝とする。今宵から明日払暁まで万一の夜襲に備え、警戒を厳となせ」

その時、日本側の沿岸警備はまず漁民による浦賀奉行所ご注進に始まった。奉行所は直ちに数十の小舟を出動させ、四隻の軍艦の江戸湾進入を阻むかのように取りつかせた。当時の沿岸警備は、これしかできなかった。しかし報告と警戒配備の間に、町人達は簡易茶店の設営を始めた。ペリー艦隊を格好の米国祭りのアトラクションにして、見物に押し寄せてくる客に茶や団子や望遠鏡一式を提供して、法外なお茶代をせしめるべく、手を出しているのを艦上から望遠鏡で見ていたペリー提督はつぶやいた。

「これは中国人とは違う人種だ。香港で見た中国人は陰に隠れてこそこそ我々を覗いていた。銃を向けるとその銃の性能を知ろうとする気はなく、蜘蛛の子を散らすように逃げ出していた。ところが日本人は我々の全ての動きが良く見える高台に陣取り、茶店まで急造して、小ざっぱりした服を着た町人同志で茶を飲みながら高みの見物をしているぞ。見物客は望遠鏡で砲門の数や口径はもとよりペキサンズ砲の種別まで相互に論評して、米国艦隊の砲弾の到達距離や破壊力、単なる鉄玉か火薬を詰めた破裂玉か、一艦あたり砲弾数まで冷静に分析し合っているようだな。これでは、我がアメリカの共和党と民主党議員が軍備の話をするティーパーティしているようなものではないか。

情報担当参謀も口をはさんできた。

「閣下、蘭国商館の最新情報では、日本の宰相阿部正弘が開国論を巡ってパブリックコメントを募集したところ、なんと吉原の高級娼婦までもが意見したとか」

「ズィーボルト博士のJapan Reportには吉原の高級娼婦は文学を愛し、即興で韻を含ませた詩歌を作り、客に対句を作らせる。それができぬといかに金持ちでも馬鹿にして相手にしない。小判を見せて言うことをきかせようとするしつこい客には肘鉄を食らわせるとありました」

「それはパリの高級サロン以上の文化だ。是非その遊郭に登楼して花魁に会って、一晩江戸の夜を過ごしたいものだよ。それほどの教養人なら英会話ができるかもしれない。江戸湾に浮かぶ我が艦隊にご招待してペキサンズ砲を見せても、花魁から野暮だねと肘鉄を食らってすごすご退散かな。それにしても我々は彼らの見世物になるとは。未知の巨大な軍艦が四隻勢揃いしても恐れることなく、冷静に軍艦の攻撃力を分析しようとする、この余裕は何なのだ。戦いは余裕のない者が最後に負ける。日本人を敵にすると相当厄介になるぞ。これは大統領閣下への報告書に日本人の民度についても報告する必要があるな」

その時、ペリーが座上する旗艦のサスケハナ号に、上等な裃を身に着けた高級役人を乗せた小舟が近づいてきた。

舷側から見下ろす、ペリーや参謀長、艦長たちに向かって、日本の高級役人、実は通訳が、「I can speak Dutch!」と叫んだ。オランダ語通詞の掘達之助である。

何だ、彼は立派に英語を話せるぞ。発音も正確だ。Seeing is believing！百聞は一見に如かずとはこのことだ。日本人は蘭語しか話せないと言った欧州人は誰だ。これなら、わざわざ蘭語通訳を探して連れてくることもなかった。これからの交渉が楽になるぞ。

しかし掘達之助は、一貫して自信を持って正確な英語で「I can speak Dutch! But I can not speak English」と繰り返し、ペリー提督とそのスタッフ達を感心させた。上級武士は英語で冗談を言えるほど教養があるのか。

実際には、掘達之助はオランダ専門の通詞にすぎなかった。その掘を伴い、浦賀奉行所支配組与力の中島三郎助は旗艦サスケハナに乗艦した。

乗艦してきた二人の服装や立ち居振る舞いを子細に観察していたペリーは徳川将軍直轄の幕臣では

ペリー提督上陸図　wikipedia より

ないことを見破り、米国全権委任特命大使ペリーは接見せず、格下の副官に予備交渉させることにした。特命全権大使が、下っ端役人と予備交渉をしてしまったら、本交渉も下っ端役人に軽くあしらわれることを見抜いていた。

本交渉の議題や日程、交渉担当者の権限などを確認する予備交渉を始めるにあたって、敵対意識なく相互が友好的になるように、会食し、相手方が欲している本交渉の妨げにならない情報をできる限り与え（注⑤）、友好的なふりをするのは外交術の基本になる。幕府海防目付などを乗艦させ、最新鋭のペキサンズ砲を見せ、その恐るべき威力を想像させ圧倒しようと目論んだ。目付たちはペキサンズ砲だとつぶやき、その口径と砲身の長さを確認し合い、弾丸を見せてくれるよう望んだ。

炸裂弾か鉄玉か見分したことに案内役士官は驚かすつもりが驚かされた。日本はそこまでわかっているのか。これは侮れない敵だ。

翌朝、前夜の予備交渉で合意した米国特命大使ペリー以下の外交団の浦賀久里浜海岸上陸式が挙行された。小銃を揃えた海兵隊二百名と百名の水兵に厳重に警護され、二隊の軍楽隊が勇壮なマーチを演奏する中を上陸した。

しかし一六七年後のＮＨＫ大河ドラマ「青天を衝け」のペリー提督上陸シーンに驚かされた視聴者は多かったであろう。ペリー提督随伴者は僅か数名で、迎える日本側応接員は一人もいなかった。日本の無人島に、ペリー特命全権大使（モーリー・ロバートソンが好演）は上陸したのかと誤解を招きそうな映像に、あまりに史実を無視した番組づくりをするＮＨＫにあきれたのである。

鎖国していた日本は、外国元首等に儀礼の儀式が必要なことなど知らなかったし、ペリー自身も招かれざる客に、日本が儀仗隊など用意してくれない以上、自ら国賓待遇の外交団上陸を演じて国交を樹立するのだと荘厳な儀式を自作して見せた（注⑤）。

その時には小高い丘の上にあった無許可の茶店や観客席は全て撤去され、替わって幕府が非常招集かけた江戸近辺諸藩から数千名の武士と足軽が整然と陣取りしていた。

両側に米国海兵隊と水兵が隊列を組み厳重に警備するなか、ペリーとその前を歩く身長六尺を遥かに超える屈強の黒人水兵が美麗な礼服を身に着け、全権大使ペリーの信任状と米国大統領親書を収めた黒光りする美麗の革で装丁された箱を捧げ持ち、日本側応接役に謹呈した。その親書とは、大統領はペリー提督に親書を預けた。その内容は、日本が蘭国に限定して貿易していることはもはや国際情勢に合わない。ペリー提督と艦隊を江戸に送る目的は友好、通商、石炭と食料の供給、および難破した国民の保護にある（注①）。

しかし、この米国大統領の親書に対する将軍の回答書は一週間経過しても届かなかった。ペリーは食料や石炭が払底する前に、離日せざるを得ないことを悟った。その原因は、琉球に停泊し、乗艦してきた琉球の役人たちに石炭と銀貨を見せて石炭を買いたいと申し出たが、役人は琉球には石炭はないと回答した。ちなみに琉球が石炭採掘を始めるのは大正時代になる。石炭を琉球で調達できなかったことは大きな調査ミスで、琉球から台湾に引き返すとなると江戸湾到着が大幅に遅れ、洋上で台風シーズンに巻き込まれるリスクがあった。

石炭がなくなると、海に向かって風が吹くまで出航や艦隊運動ができなくなり、作戦行動は大きく制約される。その弱みを浦賀奉行たちに気付かれないよう、江戸湾に向かって数隻のボートを漕がせた。水深を測量していることを隠さず、アメリカの大型艦隊が座礁することなくどこまで江戸湾を遡れるか調べているとはっきり見せつけた。

条約締結の本番となる来年の第二次遠征は、江戸湾に進入し百門以上ある艦砲を江戸城に向け、開港の条約に調印しなければ英国艦隊のように砲艦外交するとの威嚇であった。この江戸湾進入を強行したのは外交上の鞭であるが、先に見せるべき飴は大量にリストアップしすぎたため、集荷と積み込みに手間取り、その専用輸送船の到着は予定より十日も遅延、贈り物も第二次来航に先送りされた。

ペリーは決断した。浦賀奉行は大統領の国書を必ず将軍に謹呈するはずだ。もし彼が国書を握り潰したら、職務懈怠で切腹させられる。国書に対する幕府の回答書は第二次遠征で受け取れば良い。ペリーが離日していくのを見ていた浦賀奉行は安堵する間もなく、老中首座阿部正弘に早馬で報告していた。

阿部老中首座は、江戸城で他の老中を集め、次の来航に備えた防備と国内世論の結束を図ることにした。幕府始まって以来の開国パブリックコメントは既に届き、開国の世論つくりに少なからず貢献した。これも、清国や朝鮮とは違って庶民にも国家意識が芽生える契機になった。それは明治維新前に阿部老中がなした快挙であった。

ペリーは四隻の艦隊が背後から日本の武装船で襲われない距離まで離れると、海兵隊始め戦闘配置にさせていた水兵たちを休ませると共に、参謀長以下各艦長を旗艦に招集し、今回の作戦実施に対する評価と問題点を討議した。最大の問題は洋上補給力である。

ペリー提督の上陸や軍楽隊のパレードを見せられても、補給艦を伴わないペリー艦隊が継戦力を保てるのは十日程度が限度と幕府海防掛は冷静に分析していた。

他方ペリーは次の第二次遠征の足かせにならぬように、この弱点をどうするか、さらに武器弾薬食料等の補給艦船の帯同と洋上補給の仕方などをめぐって、会議は白熱していた。

黒船艦隊第二次来航

一八五四年二月（嘉永七年一月）、ペリー提督は再び日本に来航、浦賀よりさらに江戸に近い横浜沖に投錨した。その前の最後の石炭のみ台湾補給、水・食料・薪などは予定どおり琉球で完了し、幸先よいぞとペリーを満足させた。ペリーは旗艦ポーハタン号の司令長官室に参謀長以下各艦長とその航海長、海兵隊長を集め航路の最終確認と江戸湾投錨地を検討した。

ペリーは、

「仮に小官が日本の防衛軍司令官に任ぜられたら、前回の投錨地浦賀の山か小高い岡に我が艦隊を射程に収めた砲台群と、我が艦砲射撃に耐える強度の石材で陣地を構築させる。そのような敵陣の近くに無防備に投錨してしまってから条約交渉を始めるのは、ピストルを突き付けられて日本の一方的な条約に署名させられるようなものだ」

「同感です」隣席の参謀長の頷きに、ペリーは艦長と航海長達の顔を見ながら続けた。

「昨年引き上げる前に江戸湾の水深を測量させたが、別の偵察もしてきた。それは浦賀よりも江戸に近いところで見通しが良く、石垣の陣地をすぐには築けないところだ」

参謀長が補足した。

「砲台群の防御陣地作りには、遮蔽物として大量の花崗岩が必要になる。重量物を搬送しても車輪が重みで路に食い込まないように舗装できてなければ、我らを目撃してから陣地つくりしても後の祭りだ。それでも艦砲射撃が必要になれば烏合の衆のサムライ軍を海岸線から追い払う。そのあとの戦い方については、海兵隊長に説明してもらおう」

指名された海兵隊長がブリーフィングを始めた。

「現場偵察ができていない戦場に上陸する時に注意すべきは、伏兵です。繁みや大木がある小山も敵兵が隠れていて、指揮官を狙撃し夜襲や払暁戦を仕掛けると愚考します。従って我が海兵隊の戦い方は、日没前に敵軍を殲滅する。接近戦になれば、刀槍弓により、我が兵士の負傷や戦死も避けられない。弓矢が届かない遠距離から、最新型雷管式銃のマスケット銃の連射を浴びせ、サムライ軍を倒します」

「よし、これで作戦は決まった。これより江戸湾に向けて、艦隊は単縦陣で航行する。参謀長と艦長は今決めた作戦方針で海岸を睨み、投錨適地を決めてくれ」

当時は民家も殆どなく田畑ばかりの横浜村近くの海岸に、整然と投錨した九隻のペリー第二次艦隊を見た幕府海防掛は小舟を送り、艦隊を浦賀沖に戻すよう求めたが、ペリーは無視し居座った。

「今回は補給艦を三艦同行させてきた。これで条約に調印するまで、少なくも二、三カ月はメシと弾と医薬品の心配はない」

ペリーの強硬な態度に浦賀奉行は二月二七日、横浜村で早くも予備交渉を始めることを余儀なくされた。

艦隊は九隻と前回の二倍以上に増強していた。六隻の戦艦艦隊の威力に対し、三隻の輸送艦の攻撃力はないに等しく防御力も脆弱であるから、六隻の戦艦の背後に待機させた。大遠征を成功させるのは、この輸送艦部隊になる。当時、琉球は日本領ではなかったから、米国艦隊に水食糧等を大量に販売したことに幕府から咎められる所以はなかった。その食糧の中で料理長が大喜びしたのは、食材の中に雌と雄の丸々と肥えた牛を購入できたことである。このペアが幸運にも艦内で子牛を生んでくれたら、柔らかくジューシーで美味最高のカツレツやクリーム煮の特別料理を作り、将兵を喜ばせ士気も旺盛になるぞ。江戸湾入港までに出産が間に合わなければ帰路で良い。しかし問題が一つあるかも知れない。飼育掛が可愛い子牛に愛情を覚えて、殺せなくなることだ。その時は牧師に頼んで、子牛に祈りを捧げ天国に召して、精肉にさせてくれることを祈る他ない。聖書にあるように、我らの神は牛の役割を決めておられるのだ。それは数十頭買い入れた豚も同じだ。豚は人になつくから飼育係のペットにされかねない。補給艦の艦長に指示しておこう。牛も豚も決して名前をつけるな。アルカトラズ島の死刑囚と同じく、呼び方は牛一号、豚一号とせよ。

鶏も安かったから大量買いした。チキン料理は毎週できるぞ。ヤギはいらないと琉球商人に何度も言ったのに、琉球特産だからどうしても持っていけとしつこかったな。それなら輸送艦内で殺す手間を省くために、塩漬けの精肉にしてもらったが、さてどうやって水兵たちに食わせようか。ユーラシア大陸を制覇したチンギスハンの軍隊料理だから、これを食べたらサムライに勝てるぞとでも言ってみるか。

ちなみに、冷媒ガスを用いた本格的な冷蔵庫が艦船に設置されるようになるのは一九〇〇年以降であり、一九〇四年に対馬海峡に現れたバルチック遠征艦隊補給艦にはその設備がなく、生きた牛を補給艦に乗せてきて、逐次洋上で屠殺し精肉にしていた。

昔から荒くれ者が多い水兵や海兵隊員たちが艦内で暴動を起こすのは、まずい食事や半分腐ったような臭いがする牛肉を食べさせられたことに原因する。ペリー遠征艦隊は一航海に二年近くも要する長期の航海であり、水兵たちの憂さ晴らしは、食事と寄港地の良からぬところで悪い遊びをすることしかなかった。大事な艦隊食事メニューを考える総料理長は重要な役割を担っていた。

一八五四年三月四日、幕府は横浜村に応接所を設置、本交渉を開始した。三月一三日には、前年に間に合わなかった贈り物を幕府に献上することから外交交渉を始めた。その品目には、日本の酒を圧倒するアルコール度数のバーボンウイスキー、武器類、蒸気船の模型などがあった。幕府が関心を示したのはミニチュアの蒸気機関車や客車とレールや電信機であり、将軍の御台所篤姫が喜んだのはミシンであった。さすがに機関車は重量ある実物を蒸気帆船に搭載できず、十分の一程度の遊園地にあるようなミニチュアモデルだったが、蒸気機関を蘭書で学んでいる幕府の技術系役人たちには遊び道

具にすぎず、大きな関心を集めたのは有線電信装置だった。（注⑦）

加えて、和親条約締結のために働いた裏方や幕府役人にまで配れるように入念に用意したのは、既に海軍長官が承認した贈答品リストに拠る。

日本側の全権委員は、大学頭林復斎であった。約一ヶ月にわたる協議の末、同年三月三十一日全十二箇条からなる日米和親条約を締結、調印する。全十二箇条の内容は重要なので、後述する。

日本初の日米外交交渉と和親条約締結

近代国際法の条約の始まりは、和親条約や友好条約、通商条約と講和条約などがある。鎖国などをしていて、国交がなかった国が友好関係を始めるにあたって領事駐在を認める和親条約、次に貿易を始めるための通商条約、そのあと不幸にして戦争になれば、戦争を終結するための講和条約になる。

日米和親条約（Convention of Peace and Amity between the United States of America and the Empire of Japan）は戦争せず友好関係を開始するという目的でPeace and Amityとしている。

幕府老中首座の阿部正弘は対米交渉役として林復斎を任命した。林家は代々幕府御用学者の家系であり、幕府の学問所塾頭となった。現在の東大教授のような役職になる。幕府は鎖国政策から外国語教育も統制し、蘭語通詞は世襲に限定、通詞家の父から子に伝承されるだけで、蘭語学校さえ創設せず、志ある少数の通詞が目立たぬように私塾教育をしていたが、ズィーボルト追放後、その弊害が条約交渉に現れた。幕府を代表して条約交渉できるほどの国際法に精通した蘭学者はいなかった。苦肉の人選で交渉役に任ぜられた林復斎は、大学頭、即ち中国儒教の経典の一つ、「大学」講座の最高権威である。封建体制を正当化する儒教に最も詳しいからといって、孟子や孔子の儒教の教えがペリーとの条約交渉には使える訳がなかった。

林は幕府が苦心の末に入手した望厦条約、南京条約、天津条約を読み込み、事前に精査し、先の外国奉行岩瀬忠震に教えを請うと、望厦条約の制定経緯や領事裁判権や輸入禁制品の扱いなど注意すべき条項がわかってきた。

ペリーが英文版の条約に署名し、これでわが任務は大成功したと満面の笑みを林交渉役に見せて署名を促した。すると林は冷静に、

「我々は、外国語で書かれたいかなる文書にも署名することはできない」と言い、署名なしの英文版一通を返した時、ペリーは長い交渉の最後になって愕然となった。

これは予備交渉で決めるべき、政府（幕府）から全権委任された責任者はだれか、その者が署名する正文の言語は何になるのかという外交交渉の出発点を知る米国国務省（外務省に相当）員を一人も連れてこなかった致命的なミスによる。画家や神父・牧師まで連れてきたにもかかわらず、肝心な条

約に詳しい国務省担当官を伴わなかったということは、ズィーボルト書物で日本は分かったと嘗めてかかったということになろう。

しかし林は賢明であった。ペリーが面目を保てるよう、林以下井戸、伊澤、鵜殿の応接掛四名の署名・花押のある日本語版一通を渡した。オランダ語版は日本側通訳森山と米国側通訳ポートマンが署名した。漢文版は通訳松崎満太郎と通訳ウィリアムズが署名した。

もし米国国務省や全権大使が議会で条約の不備を追及された場合には、英語版・日本語版・蘭語版・中国語版合わせて一式による条約という苦しい答弁で窮地を脱したであろう。

その不一致は、米国領事駐在権にもあった。最も重要な日米和親条約第十一条である。

（日本語版）

両国政府が必要と認めたときに限って、本条約調印の日より十八ヶ月以降経過した後に、米国政府は下田に領事を置くことができる（兩國政府に於て無據儀有之候時は模様に寄り合衆國官吏の者下田に差置候儀も可有之尤約定調印より十八箇月後に無之候ては不及其儀候事）。

（英語版）

There shall be appointed, by the Government of the United States, Consuls or Agents to reside in Simoda, at any time after the expiration of eighteen months from the date of the signing of this treaty, provided that either of the two Governments deem such arrangement necessary

両国政府のいずれかが必要とみなす場合には、本条約調印の日より十八ヶ月以降経過した後に、米国政府は下田に領事を置くことができる

しかしこの不一致は、日本側の苦し紛れであったかもしれない。日本語版では〝両国政府が必要と認めたときに限って〟という条件をつけることにより、日本側は領事の必要を認めず駐在もさせない考えでいた。しかし英語版では either of the two Governments となっており、日本が必要と認めなくても米国が必要と認めれば領事を駐在させられる。

アジア外交を任せられる人材がいなかった米国国務省は、貿易商人上がりで通商条約成功報酬と自らのビックビジネスに野心満々のタウンゼント・ハリスを下田に駐在させてきたが、そのハリスの行状は後述する。

◎第二章　注釈

注①「ペリー艦隊日本遠征記」オフィス宮崎編訳　上巻　P562

アメリカ合衆国大統領ミラード・フィルモアより日本国皇帝陛下に呈す

偉大にして、良き友よ。私はマシューC・ペリー提督を介してこの公式書簡を陛下に送る。（中略）われわれは、陛下の古い法律が、中国とオランダ以外の外国との貿易を許さないことは知っている。しかし、世界の情勢は変化し、数々の新しい政府が形成されているとき、時に応じて新しい法律を定めることが賢明と思われる。（中略）私はペリー提督を強力な艦隊とともに派遣し、陛下の名高い江戸市を訪問させる唯一の目的は、友好、通商、石炭と食料の供給、および難破した国民の保護にある。（後略）アメリカのワシントン市、わが政府の所在地にて、一八五二年の第一一月一三日（捺印）

陛下の良き友　ミラード・フィルモア　大統領の命により副書　国務長官　エドワード・エヴァレット

注②「同書」　上巻P158、P168、P172

「オランダはポルトガルを追い出すために、あらゆる策を弄したのではなかったのか？　島原の砲撃に加担し、当時ポルトガル人に共鳴していた日本人キリスト教徒の根絶に手を貸したのは、オランダ人ではなかったのか？　セリスが設立し、コックスが運営した平戸のイギリス商館に住むプロテスタントに対し、彼らが退去するまで敵意をあらわにし続けたのは、隣人であったオランダ人ではなかったのか？（中略）もし日本がオランダが求めたとおりの条約に調印していたなら、どういうことになっていただろうか？　結果は次のとおりであったろう。
一、オランダ一国が、ほかのすべての国々がいかなる条約を結ぶか指図する。
二、独立国である日本は、オランダの承認なしに条約を締結する権利を奪われる。
三、（前略）シーボルトはボンにおいて「世界各国との航海と通商のために日本を開国させるにあたり、オランダとロシアが成し遂げた努力についての真実の記録」と題する小冊子を出版した。（以下略）「いま、われわれは、日本を開国させたことに関して、アメリカ人にではなくロシア人に感謝しなければならない」。（以下中略）フォン・シーボルトがロシアのスパイではないかと疑い、彼を追放した鋭い日本人の対応はまんざら間違いとばかりもいえないのではないかと思いたくなるのである。彼とロシアの間に、親密な関係があったことには疑いの余地がない。この小冊子自体がそれを示している。（以下後略）

注③「同書」上巻　P309
提督はその河の風景にいたく失望し、泥だらけで浅いと述べている。岸にはほとんど民家の一軒も見られなかったが、広東に近ずくと、水上生活者の船が五重にも六重にもなって岸につながれ、半裸のみすぼらしい人々が住んでいるのが見えた。一行はこの両岸にある貧しく不潔な住居の間を抜け、商館や、外国の商人たちが住んでいる区域を通って、旅行者が上陸する地点に着いた。

注④「同書」　上巻　P400

この島には熱帯林、北方の原生林、ドイツのような渓谷、地中海のような温暖な海岸が同居していたのである。村はどこも大きくて繁栄しており、イギリスの田園のように整然として、垣根がめぐらされていた。われわれは中国の不潔さと汚らしさを見慣れてきただけに、いっそうさわやかさをおぼえたのだった。

注⑤「同書」　上巻　P546

船室での会食と談話が終わったのち、（浦賀奉行に扮した）栄左衛門と通訳たちは艦内の見学をすすめられた。（中略）彼らは艦内のさまざまな装置のすべてに知的な興味を抱き、大砲を観察したときは、それが「ペクサンズ砲」であると正しく言い当て、完備した蒸気船のすばらしい技術や構造を初めて目にした人々から当然期待される驚きの色をいささかも見せなかった。機関は明らかに彼らの大きな興味の対象だったが、（中略）彼らの中の最も教養ある人々は、（中略）文化の進んだ国々における科学の進歩についていて、かなりの情報を得ていることは間違いない。

注⑥「同書」　上巻　P556

サスケハナ号から合図の汽笛が鳴らされ、三〇分以内に、この日の祝典の為に派遣された士官、水兵、海兵隊員を乗せたボートが全て横づけになった。（中略）ブキャナン艦長が自分の艦載艇に乗って先導し、浦賀奉行と副奉行が随員とともに乗っている二隻の日本船がその両側を固めた。（中略）一行を指揮していたブキャナン艦長が陸地に降り立ち、日本王国に上陸した最初のアメリカ人となった。海兵隊のゼイリン少佐がすぐ後ろに続いた。（中略）海兵隊（一〇〇人）は埠頭を行進して、海に向かって両側に整列した。次に約一〇〇名の水兵が上陸して同じように隊列をつくり、最後に二隊の軍楽隊が上陸した。

注⑦「同書」　下巻　Ｐ１７７
電信装置がまもなく稼働するようになった。電線が一マイルほどまっすぐに張り渡され、その一端は条約館に、他の一端はとくにこの目的ために設けられた建物にあった。両端にいる技術者の間で通信が開始されたとき、日本人は強烈な好奇心をもって操作法に注目し、一瞬のうちに伝言が英語、オランダ語、日本語で建物から建物へと伝わるのをびっくり仰天した。毎日毎日、役人や大勢の人々が集まってきて、技手に電信機を動かしてくれるよう熱心に頼み、伝言の発信と受信を飽くことなく注視していた。

第三章　各国から幕府に条約要請のオーバーシュート

世界は連動している。海も世界に繋がっている。約一万㎞も離れたクリミア戦争が西太平洋にまで飛び火し、米国の南北戦争は米国の日本進出を足踏みさせたのである。しかし英国を始め、欧州各国は日本に押し寄せる。

ここにオーバーシュート（overshoot 幕府の想定よりも開国行き過ぎ）になった。

平安京以来千年を超え、禁裏に皇祖皇宗と住まわれている孝明天皇は、有職故実を尊いとしてきた。それが、外国の新風を入れたら宮廷はどうなってしまうのか危惧した頑迷固陋な公家達に囲まれ、旧弊こそ大事と教え込まれていた。世界とは東夷・西戎・南蛮・北狄の獣のような異国群であり、それらから日本がオーバーシュートされるのをはねのけるよう、幕府に攘夷を命ずることは後述する。

日英和親条約

英国東インド・中国艦隊司令官スターリング（James Stirling）は長崎にロシア艦隊が補給のため入港しているとの情報に接し、敵国ロシア艦隊を拿捕する絶好のチャンスと長崎に急行する。英国海軍とは周知のように、海賊だったキャプテン・ドレークの艦隊に始まる。この海賊艦隊が、当時最強と言われていたスペインの無敵艦隊に大勝し、英国はスペインに替わって世界一の海軍になった。その戦法は敵艦を沈没させず、しかし航行できないように帆船マストや兵器類を破壊し、積み荷を強奪する。空船にして軽くなった敵艦を曳航し母港で修理の上、自らの艦隊に編入し、大艦隊に整備してきた。

洋上を全速で航行している敵艦に弾を命中させるのは容易ではないが、停泊中は貴重な石炭を無駄にしないように火を消し、船が潮流に流されないよう錨を降ろし海底の土を噛ませている。蒸気機関のボイラー室が熱せられ、錨を巻き上げ動き始めるまでに時間がかかる。動けない敵を痛めつけるほど容易な戦いはない。スターリング司令官が小躍りして喜んだのは当然である。しかし、ロシアのプチャーチンはスターリングの殺気を感じたか、停泊を予定より短くして出港していた。

一八五四年九月長崎港に近づき、ロシア艦隊がいないことに気がついたスターリングは長崎奉行にロシアは蝦夷地を狙っていること、その敵国ロシアに日本は食料や石炭を提供しないよう国際法上の局外中立（neutrality）を要請した。艦隊には自由に使える港が多ければ多いほど作戦が自由になり、有利な戦いができる。これを受けた長崎奉行水野忠徳は阿部老中に英仏連合対ロシアが戦争をしており、英国艦隊はロシア軍港を攻撃に行く。英国艦隊の敵はロシアであり、日本ではないと重要情報を早馬した。この情報に接した阿部老中は英仏ともに、日本に敵対する戦力も財政的余裕もないことを察した。この返礼に、英国との和親条約調印に踏み切る。

スターリング司令官は海軍軍人であり、本国政府から対日外交を行う権限は与えられていなかった。海軍が砲艦外交して戦争にならないように、権限を分離するのはシビリアンコントロールを実効するために大事である。司令官は、要求もしていないのに和親条約をしてくれるとは瓢箪から駒が出るようなものであるが、幕府は義理堅いと感心し、本国政府に緊急連絡、女王陛下に全権委任状を請訓した。ロンドンからそれが届くまでに一仕事しようと、司令官は本業にもどりロシア太平洋艦隊の母港カムチャツカ攻撃に出撃していった。

アヘン戦争を二回も仕掛けて多額の戦費を費やし、やっと手に入れた中国の五港を狙うかのようにロシアは沿海州に手を出してきた。中国の英国権益を守るために、ロシアの軍艦を見つけたら直ちに追い払うのがスターリング司令官の任務だった。

一八五四年十月スターリング司令官兼全権委任は日英和親条約（Anglo-Japanese Friendship Treaty）を締結した。全権委任も義理堅い幕府を評価したのであろう。香港総督の異議を認めず、日本に寄港する英国艦船は日本国法を順守すべきことを内規とした。スターリングの交渉力は本国外務省で評価され、軍人から外交官になり、オーストラリア州の最初の州総督に任命される。

日露和親条約

近代日本が外国との国際紛争とその後処理となる和親条約を導いた嚆矢は、一八一一年のロシア艦隊艦長のゴローニン少佐を国後島で国境侵犯並びにスパイ容疑で逮捕した事件になろう。当時の国力からすれば、ロシア艦隊の破壊力は、約四十年後のペリー艦隊に準ずるものがあった。日本に幸いしたのは、翌一八一二年から始まったナポレオンのロシア遠征軍がモスクワに迫っていたことである。ロシア帝国は首都が制圧される危機に、艦隊を蝦夷地方面から黒海に呼び戻し、ナポレオン軍の側背を脅かす切り札にしたかった。ナポレオンのロシア遠征が間接的に日本の蝦夷地防衛に貢献したことになろう。幕府は、世界が連動し、バランスオブパワーで成り立っていることを知った。

一八五二年ロシアはウクライナ周辺地域の領有を巡り、オスマン帝国と小競り合いを始め、オスマン帝国も黒海に隣接するアドリア海に軍艦数隻を派遣、黒海の偵察を始めた。このあとロシアとトルコ（当時はオスマン帝国）の間で露土戦争が始まり、約四年間ロシア艦隊は黒海に釘付けにされる。

一八五四年八月英国と仏国はオスマン帝国に味方し、ロシア艦隊の太平洋の拠点カムチャッカ半島ペトロパブロフスク軍港から艦隊が黒海に派遣され、軍港がほぼ空になったのを知り、フランス海軍とともにこの軍港を艦砲射撃で破壊した。これはクリミア戦争の太平洋における主要な戦いになり、スターリング英国艦隊司令官がロシア艦隊を追いかける事件になったことは日英和親条約で既述した。

英仏対ロシアの海軍の戦いが日本に良い結果となり、英仏海軍の影がちらつく中、ロシア全権大使プチャーチン準将との日露交渉に日本は余裕で臨んだ。

一八五五年二月（安政元年十二月）、幕府は日露和親条約に調印した。同条約で国境に関わる条項は第二条である。

今より後日本國と魯西亜國との境「エトロプ」島と「ウルップ」島との間に在るべし「エトロプ」全島は日本に属し「ウルップ」全島夫より北の方「クリル」諸島は魯西亜に属す「カラフト」島に至りては日本國と魯西亜國の間に於いて界を分たす是まで仕来の通たるべし

国力では大差があった日本に幸いしたことは、国後島と択捉島を日本領土、樺太（サハリン）は当面共有地にできたことである（注①）。日本と露西亜は平和的に国境線を決めた。

しかしロシアは安易に中間線で境界を認めたわけではない。実効支配ができていないのに、中間を国境にしようなどと言い出したら、領土交渉とは何か、なにもわかっていないと冷笑されるだけである。

この日本の北方四島は、約九十年にわたり国境紛争はなく日本領土と認められてきた。しかし一九四五年、ソ連は日ソ中立条約を一方的に破棄し、終戦のどさくさ紛れに、火事場泥棒のように不法占拠したまま、今日に至っている。

　ロシアは日露和親条約第三条で、蝦夷地の玄関になる函館、太平洋で海戦になれば補給港となる下田、中国との海戦には長崎の三港を重要港と位置づけ開港させた。ロシアにとってこの三港に乗り入れできることは、東京都23区ほどの大きな国後・択捉島を日本領と認めることよりも重要な取引であった。

　一八六一年三月（文久元年二月）ロシアは条約に定めなかった対馬港にまで強引に侵入、約半年居座り、対馬港の租借を要求した。沿海州と日本海を掌握するには対馬が好適地とみて実力行使した不法行為は、幕末の日本を脅かした重大事件であるので改めて後述するが、ロシアの対馬港侵入と租借要求は幕府に対ロシア防衛拠点構築が急務であることを認識させ、一八六四年函館郊外に日本初の西洋型稜堡式城塞となる五稜郭を完成させた。敵の砲撃目標になる天守閣はなく、大砲の弾丸は土嚢のような稜堡で受ける城塞を郊外に築城し、ロシア戦艦の射程距離外に置いた。当時の函館郊外はネコヤナギが生えた原野でロシア軍艦のマストから巨大な城が遠望でき、少しは対ロシア戦の抑止力になったであろう。

　ロシアは対日本のみならず、南下政策を強力に実行してきた。歴史的にみればロシア民族とは、肥沃で暖かなキエフ近辺に定住していたスラブ民族の一部族とされているが、フン族の勢力拡大と移動により、肥沃なキエフから極寒のモスクワ辺りに追い払われ抑圧された民族であった。抑圧の反作用として暖かな肥沃の地を強烈に求めるDNAが醸成されたのであろうか。それがアジアでは蝦夷地や沿海州、欧州ではウクライナ・ポーランド・グルジア・ハンガリーさらに、バルカンやトルコ、最近ではアフガニスタン侵略戦争に続いてシリア内戦にも介入をするところは、好戦国と言えるのではないだろうか。この南下政策が日本の防衛意識を過剰にさせ、韓国併合や日露戦争に繋がるが、それは後述する。

日米修好通商条約とハリス領事着任

一八五六年七月、タウンゼント・ハリスは米国初代総領事として下田に到着した。領事駐在権は、日米和親条約第十一条であるが日本語版と英語版で大きな不一致があったことは既に述べた。ハリスは招かれざる客であったが、そのことを気にするようなやわな性格ではない。下田奉行所はハリスに米国に帰れ、ハリスは、「Ｎｏ！　下田に駐在する」と堂々巡りし、一カ月後の八月に幕府はハリスに押し切られた形で下田駐在を認め、仮領事館として玉泉寺を提供する。

ハリスは当時五十歳の独身であるが、全身活力にあふれており、日本駐箚の根拠地となる領事館が整うと、十五歳から十七歳の娘たち、お吉、お福、おさよ、おきよ、おまつの五名を玉泉寺に囲い、女中奉公させた。その一人がハリス専属女中で、唐人お吉と呼ばれる娘である。唐人とは教養には中国人を意味するが、日本に住む外人の大半が中国人であったことから、唐人とは外人を意味し、お吉は外人と関係して唐人並みに成り下がったと蔑視された。その吉のハリス奉公契約書が古文書に残っている。

下田奉行はハリスから託された支度金と給金を吉に与え、妾として覚悟して仕えよと命じた。後になってそんな事は知らなかったと言わせないように吉の隣には、町方役人も証人として呼び出されていた。父親不在の家庭のようである。

安政四年の「町会所御用日記」には、五月二十一日、お吉がタウンゼント・ハリスのそばづめ（側妻）として、奉行所の駕籠に乗せられ、ハリスのもとに送り込まれた（注②）と記されている。

幕末の百四十五両は現在の価値にして約三千万円に相当し、稼ぎ手の父がいない貧しい家庭には途方もない大金であったろう。これを知った下田の人々は異人に買われた可哀そうな娘というより、身分不相応の大金を得た女と妬みや陰口を敲かれたと伝わっている。

しかし、契約によるとはいえハリスが五名もの日本の娘たちを領事館に妾奉公させた上、ハリスの秘書兼通訳のヒュースケンも上司を見習って、日本の娘を妾にしていた（注③）ことから日本の娘たちを汚した異人として浪人たちに狙われ、ついに夜道を帰る途中暗殺された。外人を攘夷する浪士たちの殺害理由には、このような外人達の不行跡への怒りと憎しみがあったことは否定できない。

下田や横浜の外国人居留地は禁裏とは遠く離れているが、孝明天皇は国を代表する外交官達を気にとめておられ、ハリス領事とヒュースケンの行状も詳らかに内奏されていたのであろう。改めて将軍に攘夷を命ずるが、それをやんわりと幕府に留保された天皇は、許さぬぞと退位をほのめかす。皇嗣となる次の天皇（後の明治天皇）はまだ四歳の幼少で、母中山慶子の実家、権大納言中山忠能宅に預けられていたが、岩倉等の公家を介して既に薩長が接触を試みていると知らされ、薩長を警戒する一因になった。

天皇から条約勅許が得られないどころか、再度の攘夷の指示をされ行き詰っている幕府を見て、ハリス領事は幕府に苛立つ。これ以上、通商条約調印を伸ばすと清国の大都、北京を占領した英仏連合艦隊と陸戦隊が江戸湾に侵入、江戸城は砲撃され江戸の町は火の海になるぞ。そうなる前に米国と通商条約を締結すれば、米国は日本を守ってやろう、と元祖日米安保条約のような事まで囁いた。

一八五八年七月、幕府は勅許が得られないにも拘わらず日米修好通商条約（Treaty of Amity and Commerce Between the United States and the Empire of Japan）に調印した（注④）。

日本側の大失態は、ハリスも幕府がまさか認めるとは思わなかった第五条の両替規定であった。

第五条　外国通貨と日本通貨は同種・同量で通用する。即ち金は金と、銀は銀と交換できる。

ここで致命的なのは、金と銀に関する品位（純度）基準を定めなかったことである。金は金でもその純度が50％しかなければ、それは純金とは呼ばず価値も半分になることは誰でも想像できる。幕府はこれまで財政難になる度に小判の金の純度を下げているが、小判に十両と墨書したから十両だ、と無理やり市中に流した結果貨幣価値が下がり、インフレを起こしてきた。商人なら子供でもわかる商取引の基本であるが、それを全権の岩瀬・井上は議題にすることなく、ハリス提案を丸のみしてしまった。

ハリスは和親条約の時の生粋の軍人ペリー准将と異なり、カネ勘定で生きてきた男で損得勘定は素早い。驚きと大喜びを岩瀬と井上に隠すのに懸命であった。よし、これでオレは日本で財産をつくれるぞ。これから日本で最大の貿易商人になるのに、妾五人は少なかったかな、しかし増員は後回しでまず儲けるぞ。

事実この条約が調印されると、ハリスとその取り巻きの貿易商人達が私腹を肥やす。ハリス案を認め、日本の国益を大きく損なった全権代表岩瀬の責任は極めて重いといえよう（注⑤）

日本側が想定した第五条の両替規定とは、日本の商人たちが米国に売り上げた陶磁器・絹製品・螺鈿細工等の高級工芸品等の代価決済のため外貨両替を定めたもので、メキシコ銀貨等を日本の一分銀等と両替し、日本の商人に支払うだけと考えていた。ところが外国商人は商品の売り買いよりもっと直接的に利益があり、インフレにも強く、万国に高く評価されるものを知っていた。それが金である。米国の低品位の金貨で日本の高品位の金を同じ重量で交換（結果的に売買になる）すると、ほぼ三倍の大儲けになった。

商品には流行りすたれがあり、売れ残るリスクは常にあるが、金に売れ残りはなく、永遠に価値がある。かくして日本が安土桃山時代から営々日本中の金山から掘り起こし、ため込んできた金が大量に買い占められ、価値が少ない米国金貨が残った。古今東西、悪貨は良貨を駆逐する。その結果としてスーパーインフレが幕末の庶民の生活を脅かした。

さらに日本に不利であった規定は、

第六条　米国の領事裁判権を認め、貿易管理（者）を排除

この管理貿易の排除は、日米商人同士の談合を容易にさせた。貿易はどちらかが得をして他方が損をするという単純なものばかりではない。トランプ前大統領が大好きなDealである。談合して取引にヤミリベートを含ませれば、相互の商人に利益をうみだせる。合法的に、日本から膨大な金が流失していくことを日本の商人達は黙認した。日本の金貨と大量に交換するには、金貨を集めてくれる日本の両替商が暗躍した。交換差益が膨大になることを承知の上で黙って交換し闇リベートを受け取った。日本の両替商は国家財政が破綻するのを感じつつ、リベート蓄財に励んだ。

この日米商人間の公正取引を証明する両替書類やリベートがないことの宣誓書、さらに内部密告を奨励する外国取引監視委員会が設置されるのは遥か後年になる。

日米悪徳商人による国家財政破綻の危機を救ったのが小栗忠順である。幕末日本に大きな貢献をするが、そのことは後述する。

第七条は開港地から十里以内の自由交通権を認めた。これも域外取引につながり外国商人の利益を

増加させた。

他方、日本に有利な規定は、第三条の軍需品は日本政府以外に売ってはならない。これは、後の討幕軍に武器販売させないようにするものであるが、結果的には密輸されてしまった。

第四条アヘンの輸入禁止である。

これらは、かつての老中阿部正弘が危惧したところであり、通商条約に盛り込まれた。

安政の五か国条約

孝明天皇は、日米和親条約が下田開港だけで済ませれば禁裏から遠く離れた夷の国のこととして、捨て置いたかもしれなかった。しかし更に修好通商条約では、京都に近い兵庫と大阪も開港され、米国だけでなく、露国・蘭国・仏国・英国と五か国の異人達が続々近づいてくることを知らされた孝明天皇は、心底不快になった。まるで欧米発の異人オーバーシュート（禁裏の想定よりも行き過ぎ）ではないか。江戸時代一貫して禁裏は異国人にいささかでも目通りなどさせなかった。それが、この有様になって何とするか。

オーバーシュートは五か国に留まらなかった。世界は連動しているから、ポルトガル、プロイセン、スイス、ベルギー、イタリア、デンマークが条約締結を要請してきたのである。これを正直に孝明天皇に上奏したら、天皇は卒倒されたかも知れない。

日本に居住する唯一の欧州人、蘭国商館長とそのスタッフ達による徳川将軍拝謁、即ち江戸参府が四年に一度行われており、医者・警備等々六十名がオランダ人の周囲を固めていた。ルート上では大阪から京を通り東海道に入るが、京都は京都所司代が総動員で街道筋を警護しており、禁裏には誰の行列か何の情報もなかった。幕府がそうさせていた。

一八五八年九月、孝明天皇は幕府に何度申しても聞き入れぬとして、尊王の情厚い水戸藩に幕政改革を指示する勅書（勅諚）を直接下賜した。これに対し井伊大老以下幕府高級官僚は猛反発し、安政の大獄という弾圧をもって体制強化を図るが、この大事件は後述する。

ハリス総領事、将軍家定に拝謁

一八五七年十月（安政四年）日本国駐箚総領事のハリスは、ピアース米国大統領の親書を奉呈するため、日本国主権者の第十三代将軍徳川家定に拝謁する。事前の打ち合わせで幕府高官はハリスに「将軍に拝謁したければ、畏まって正座せよ」と申し渡すが、ハリスも米国代表であり、対等の対面があるべきであると譲らない。何年か前のＮＨＫ大河ドラマ「篤姫」では、この場面は胡坐を組む将軍の位置がハリスより高くなるように、床の間に畳を十数枚も重ねて、ハリスより目線を高くして、歌舞伎役者のように片足で畳を踏み鳴らし、大見えを切って「ハリス、遠路大儀である。合衆国プレジデントに良しなに伝えよ」と将軍の威厳と貫禄を見せていた（注⑥）。

ハリスの将軍謁見の狙いは、横浜外人居留区の英字新聞に会見記事を掲載し、米国が他国に先駆けて将軍謁見に成功したと米国大統領に報告するとともに、欧州外交団に対しては、何かにつけて貿易商人上がりの、にわか外交官と見下されていたことの見直しをさせたかったのであろう。

◎第三章　注釈

注①「もう一つ上の日本史『日本国紀』読書ノート古代〜近世篇」浮世博史著　P341
国後・択捉・歯舞・色丹はすでに日本領土でした。日露の国境が、択捉島と得撫島の間であると、と日露和親条約で定められただけです。（中略）「日露の交渉で北方四島の帰属を決めた」なんて話が日本側の認識であると思われたならば、誤ったメッセージをロシアに伝えることになります。日露の交渉の「前」から「北方四島は日本のもの」であったがゆえに、択捉と得撫の間に国境線が引けたのです。現在のロシア側が『日本国紀』を手にとって、「安倍晋三首相も読んでいるし、何十万部も売れているんだから、日本人の多くの認識はこういうことだろう。この本に、こう書いてある。北方四島は一八五五年の日露の交渉で決まったものなんだとさ」なんて言い張られたらたいへんです。

注②「唐人お吉物語」竹岡範男著　P12
安政四年の「町会所御用日記」によれば、五月二十一日、お吉がタウンゼント・ハリスのそばづめ（側妻）として、奉行所の、山下節左衛門の駕籠に乗せられ、四人の陸尺が、前に二人後ろに二人で担い、通辞名村常之助、立石得十郎ほか森山多吉郎、菊名仙之丞という侍が警護して、奉行所からハリスの待つ館に送られたのが暮六つ。

注③「同書」　P23

五月二十一日にお吉が領事館へ行ってから、約一週間たった五月二十七日、妹芸者のお福がやはりヘンリー・ヒュースケンのもとへ駕籠で引き渡されています。「ヒュースケン大喜びにて、女ばかり残し、ひきとりとの事。直ちに女ばかり残し六つ刻引きあげ候」と、やはり、同じ「町会所御用日記」にあります。

ヒュースケンはハリスの通訳でオランダ人、なかなかの好色家であったと町でも噂されました。というのは、お福から中村という農村の娘さよに情が移り、その後もおきよ、おまつと転々とそばづめを替えたという記録が残っています。（中略）そもそもがお吉をハリスの侍妾となるよう画策した張本人がヒュースケンであった。

注④「連動する世界史　19世紀世界の　中の日本」南塚信吾著　P70

同条約は、まず、両国が対等に国を代表する役人をそれぞれの国に置くことを定め、ついで、下田と函館のほか、神奈川、長崎、新潟、兵庫を開港し（神奈川開港ののち下田を閉じる）、居留地を設けること、江戸と大阪の二市の開市場を定め、さらに、官憲をとおさない自由貿易を定め（ただし、アヘン貿易は厳禁）、加えて、治外法権、宗法（宗教）の自由を認めた。関税（運上）については、別個の「貿易章程」によってこれを定めた（中略）この条約ののち、これとほぼ同じ内容の修好通商条約が、オランダ・ロシア・イギリス（七月）、フランス（九月）と結ばれた。（中略）この「安政の五か国条約」によって日本も全面的に「条約港制度」に引き込まれたのだった。

注⑤「徳川の幕末　人材と政局」松浦　玲著　P63
（米国）銀貨と（日本）銀貨の比較を重量だけで決める（一分銀の値打ちがメキシコドルの三分の一なってしまう）ことを続けようという。これについて日本側は反論せず下田以来のハリスの主張が条約として確定した。下田協約のときハリスは手元のメキシコドルを日本の一分銀に取り替えるだけで自分の金（カネ）を三倍にすることができたので、アメリカ政府から受け取る年俸以上の金額を貯蓄としてニューヨークに送ることができると喜んだ。（中略）井上（清直　応接掛）はともかく、解かっている筈の岩瀬が、銀貨と銀貨を重量で比較するのだと念を押すハリスの言いなりになったのが不思議である。（中略）これで金の大量流出が決まった。岩瀬の罪は重い。

注⑥「同書」　P59
ハリスは二十一日には江戸城に登り将軍家定に拝謁する。家定は発声に難があって足で床をトントンと踏み鳴らしたが、声がでてからはハッキリした言葉で語ったとハリスは日記に書く。

第四章　和親条約から十四年を要した討幕

日本が鎖国をやめ、初めて欧米と国際条約を締結し開国を実行したのは一八五四年の日米和親条約になる。幕府が開国を決めても、薩長土肥等は孝明天皇の攘夷を金科玉条にして、幕府の開国政策を揺さぶるが、実は尊王討幕に大きく変針した。この大転換は二六〇年余り幕府に押さえつけられてきた薩長土肥等が連合し、対幕府権力闘争を始めた事になるが、事実で検証してみたい。

幕府が大政奉還を上奏した同じ日に討幕の密勅が薩摩藩に下ったのは一八六七年である。

禁門の変を起こし朝敵だった長州への密勅は薩摩と同日にはできず、翌日にされたが長州はこの天皇命令によって朝敵の汚名は拭われ、一変して討幕派公家から頼りにされる幕府討伐軍に昇格したことは、非常に大きな意味があった。

大政奉還に対する討幕の密勅は、分かりやすく言えば、天皇に内閣総辞職を願い出た総理大臣に、天皇の勅命を偽造し別命を以て死刑に処すことを狙ったことになろう。

近代になると中世より時間の流れが早くなったが、それでも開国から明治維新まで十四年という長い時間を費やし駆け引きしていた。それが終盤の約一年あまりで激変する。大村益次郎、佐久間象山、坂本竜馬等のリーダーが暗殺され、阿部正弘、徳川家茂、孝明天皇の政権トップの保守穏健派が働き盛りの三十歳代で若死し、一気に討幕という歴史の大きな転換になった。

薩長は、将軍がその地位から自発的に退いても許すことなく、切腹させようとしたのは、何があったのか。

徳川慶喜は、薩長土肥を政権に参加はさせるが、ナポレオン三世統治の大統領制にして国政を担うことを考えていた。幕末日本はなお米経済にあり、米生産高は約三千万石、そのうち譜代を含めた幕府の持ち分は約一千万石もあり、さらに当時世界一の産出とされる金銀銅山を直轄していた。この経済力があるかぎり、薩長土肥は連合したところで、幕府に勝てない。慶喜はそれがわかっていたから古い将軍制度を廃止し、新たに欧米式の大統領制度に切り替え討幕の窮地を方向転換して、難局を乗り越えようと勝負に出た。

大統領は欧米では国家君主になる。その地位を得たら、天皇を名誉君主に祭りあげればよいのではないか、と。ほんの十年前まで、対外的には将軍を大君と呼ばせ、国家君主として国際条約を批准してきた。オールコック英国公使も京都ではなく、江戸を「大君の都」と呼んでくれたではないか。

西郷も大久保も岩倉も、慶喜のその目論見は察しが付き、そうさせないためには、慶喜を追い込み切腹させ、徳川一千万石の領地を返還させなくては、徳川の支配は終わらない。

慶喜の執拗な延命工作とそれに絡む英仏を主とする諸外国は日本を勢力下に収めたいという外交戦略もあった。それを詳しく見たい。

安政の大獄

一八五八年四月、十三代将軍家定は一橋慶喜を好まず、十二歳の少年であった紀州徳川家の慶福（十四代将軍家茂となる）を支持する井伊直弼を大老に就任させた。直弼は、無勅許の条約調印や家茂の将軍継嗣を断行するなど、以前の穏健派の阿部正弘や堀田正睦とは真逆の強権派である。

前水戸藩主の徳川斉昭は、長男の藩主慶篤に指示し、尾張藩主徳川慶勝、福井藩主松平春嶽と連盟し、井伊直弼包囲網をつくるところはなかなかのフィクサーになる。このグループが狙うのは、次の十四代将軍を慶福ではなく、斉昭の子の一橋慶喜にしたかった。

その企みは家定将軍や直弼を怒らせたばかりか、さらに許されざる不時登城（将軍無許可の押しかけ登城）まで断行した。

表向きの登城目的は〝通商条約無勅許調印は不敬に非ずや〟と直弼に尋ねたいとした。直弼は不時登城してきた四名に大老を問いただす権限はない、越権行為であると非常に不快ではあったが、ことを荒立てぬよう、四名を半日も待たせ、しびれを切らして引き下がってくれることを望んだが、押しかけて来たまま居座っている。止む無く対面し、話だけは聞いておくと、取り繕った。

直弼はこのあと、不時登城をして御政道の秩序を乱した罪は重いと将軍の沙汰をとりつけ、彼らを隠居・謹慎などに処した。これが安政の大獄の始まりになる。

同年八月、大獄の第二幕となる戊午の密勅事件が発生した。孝明天皇が本筋となる幕府でなく、水戸藩に攘夷と幕政改革を指示する勅書（勅諚）を下賜したのである。そもそも幕府が攘夷をしないから、幕府御三家のひとつで斉昭の正室吉子は孝明天皇に近い有栖川宮熾仁親王の娘であり、水戸斉昭自身も強固な攘夷思想家であったから、天皇は密勅を下す相手として最適と考えた。

しかし下賜した天皇を咎めるだけの権勢は既に幕府にはなかった。さりとて密勅を許せば、幕府の権勢は地に落ちる。幕府に許可なく下賜を受けたことが悪いとこじつけて糾弾した。幕府は密勅の関係者洗い出しに一年を費やし、さらに大罪にする手立てを考え抜き、一気に厳罰の沙汰を下した。

一八五九年九月（安政六年八月）幕府は、密勅は天皇の意思ではなく、水戸藩の陰謀でそれを企んだ者として家老安倍帯刀を切腹、奥祐筆茅根、京都留守居役鵜飼を斬首刑、同助役を獄門磔、勘定奉行鮎沢を遠島にし、斉昭は水戸で無期限の蟄居、慶篤は差控（自宅謹慎）、と想像を絶する厳罰処分を下した。冤罪のようなこじつけで処刑された水戸藩幹部の一族郎党の、井伊直弼への怒りはすさまじく仇討ち計画を練り、桜田門外で井伊直弼は命を奪われた。

尊王攘夷は幕府や徳川一門内ではほぼ対立はなかった。しかし安政の大獄は、幕府と徳川一門という身内の中で大きな亀裂を生じさせ、薩長との鳥羽伏見の大事な戦いで味方のはずの井伊彦根藩が裏切り、幕府側敗戦のきっかけをつくるがそれは後述する。

安政の大獄は、井伊直弼批判に対する水戸藩だけの処罰にとどまらなかった。これを利用し、幕府批判者の一掃を始めたのである。

長州藩士の吉田松陰は、井伊直弼批判グループの参考人として長州萩から護送された。松陰は取り調べ役に聞かれもしないし、拷問もされなかったのに、老中間部詮勝の暗殺を企てたと進んで白状してしまった。実際には、暗殺の検討というレベルと思われるが、老中暗殺計画を白状したとなると、事は重大である。松陰はテロリストの一味とみなされ、無罪放免にするわけにはいかなくなった。

幕府は長州藩とことを構えたくなかった。老中暗殺計画を白状した松陰を処罰するが宜しいかと長州藩にわざわざ了解を求めたことに、長州藩は松陰を庇うどころか厄介払いするように、どうぞご自由に、と回答がされたという。

長州藩の正式な藩校は明倫館であり、歴代藩主も幼年期に学んでいる。その明倫館で松陰は塾頭まで務めた英才であったが、藩校の教育方針を受け入れず、自らの過激的政治思想を教える私学校松下村塾を開校し、明倫館とは異なる教えを始めていた。

英才であった松陰の江戸移送で長州藩は、罪人駕籠に押し込め早々に送り出していた。これは、松陰の危険思想と長州藩の藩命に従わないアウトローに手を焼いた処置であろう。

英国オールコック公使の着任

日本が安政の大獄で政情不穏の一八五九年六月、オールコック（Rutherford Alcock）が日英通商条約に基づき、初代駐日総領事として着任、後に公使に昇格する。日本最初の入港地は長崎である。水・食料等の補給停泊の間、オールコックは最初の日本の風景を長崎港周囲に見た。出港地香港の亜熱帯の蒸し暑い気候と違い、梅雨入り前で爽やかにして緑は濃い。空気は霧のロンドンとは違って透明で、山並みの濃い緑と海の青さに感嘆した。

オールコックが江戸近くに到着した翌七月、幕府外交担当老中の間部詮勝公邸において、日本が主催する総領事信任式の儀式が粛々と催された。間部老中は、前述した安政の大獄で吉田松陰に命を狙われかけたが、松陰処刑の後、弟子たちから仇討ちされることもなく命を長らえていた。

間部老中は、オールコック駐日総領事が英国女王から全権を委任された者である、という信任状を確認した。滞りなく信任式が終了すると、公邸の正門が開けられ、間部が右腕を上げ優雅に扇を翻すと、庭に待機していた従者もその合図をしてゆき、辻々に控えていた何名かの伝令も次々繰り返した。（注①）

せっかくペリー提督から献上された有線電信装置は、この時に運用して日本の進んだ通信技術を見せるべきであったが、幕府技術研究所の倉庫に大切にしまわれたままだった。

沖合に停泊中のオールコックの乗艦であったサンプソン号の艦橋では、艦長が当直将校に、真部邸からの扇信号を双眼鏡で注視させていた。岸壁からサンプソン号に向けて扇が翻ったこと認め、直ちに艦長に報告された。

艦長は準備していた日本と英国の大きな国旗が、七月の青空の下にそびえているマストにするすると掲揚されていくのを確認し、続いて二十一発の礼砲が神奈川港に轟きわたるのをオールコックも聞き取っていた。

礼砲二十一発は国家元首に捧げるもので、礼砲として最高のものになる。公使であればせいぜい十九発になるが、艦長から新総領事の日本着任を祝す格別のプレゼントをされた。

オールコックと艦長は手旗信号が日本では江戸時代中期から行われていたと聞いていたが、オールコックは十五年にわたる中国の領事時代に観察した中国人とは全く異なる扇の持ち方と広げ方に、優雅な手さばきや作法をみてとり、日本には扇ひとつ扱うにも美学があると感心した。

オールコックは、アヘン戦争後に開港させた、上海・香港・広州・福州・厦門の各領事を歴任、その十五年に及ぶ各港租界の司法・行政経験から中国人の価値観や行動様式などに精通した熟練の外交官である。

総領事の仕事始めは、長州との馬関戦争と薩英戦争の戦後処理になるが、円満にこなし、幕府との友好関係を深めた。幕府に信頼されたオールコックは、翌年の対馬港を占拠したロシア艦隊の排除に大きく貢献し、さらに翌々年の文久遣欧使節の対欧州各国との外交交渉でも日本を支援し、幕府と朝廷の緊張状態を緩和するため、開港を五年延期することを本国外務省と事前に調整し、名誉とメンツを最大限に重んずる幕府外交団を助けてくれたことになる。このロシアによる対馬港占拠事件と文久遣欧使節団のオールコック支援は、幕末の重要事なので後述する。

外交官としてその優れた功績を認められ、清国全権公使に栄転するが、後任の総領事となるパークスも広州領事であった。そのあとのアーネスト・サトウは駐日公使から駐清国公使に栄転しているが、英国外交官の人事は日本と中国をほぼ一体とみなして、英国対日中関係全体を熟知するエキスパートを育成していたのであろう。

大政奉還・討幕密勅の八年前であり討幕運動が動き始めるが、薩長土肥や岩倉等の公家の動きを含め、総領事としての細かな観察と冷静な分析に基づく本省への報告は、英国の対日政策を適切ならしめた。

咸臨丸と遣米使節団

一八六〇年二月（万延元年）、タウンゼント・ハリス駐日総領事の勧めもあり、五八年に締結した日米修好通商条約の批准書交換のため、幕府は新見豊前守正興を正使とする使節団を米国に派遣した。ハリス総領事はオールコック英国総領事の熟練した仕事を観察していたが、対日外交のイニシアチブをとるべく幕府高官達を米国軍艦で本国に送り、米国の巨大な産業群を見せつけ米国になびかせようと試みた。日本が蒸気船を何とか操艦できる技術を習得したことを知って、米国軍艦ポーハタン号に咸臨丸を随伴させようと考えた。日本よFollow meである。幕府は、長崎に軍艦操練所を開き、日本沿海周航はできたが、太平洋を単独で航行できるレベルではなかった。

徳川家康は荒波の太平洋を二回も横断した堅牢な大型船の建造技術と操艦技術も習得させたのに、二代目は鎖国を徹底させた結果、その技術を全て失わせてしまった。苦労して習得した技術は日々用いていれば改善も進歩もあるが、禁止して失われた技術はもはや取り戻せなくなることを為政者たちは知らなくてはならない。

外洋航海術は天測に始まる。北斗七星など標準となる星の位置や角度から緯度がわかる。太平洋の季節ごとに変わる潮目、即ち海流の方角と幅と速度を熟知し、それを横断や逆走もできる動力を得るため、三本マストに数十枚もの大帆に風を合わせる総帆展帆技術が次に必要になる。逆風になれば元に戻されないように、帆を下ろし潮流に乗り、追い風を待つのが基本であった。

咸臨丸は当時の世界最高レベルにあったが、勝艦長とそのスタッフたちは太平洋上でひどい船酔いとなり、咸臨丸の操船どころか起立もできず、皆部屋に閉じこもってしまった。どうやら勝艦長の長崎海軍伝習所は畳水練であった。口先だけで船は進まない。咸臨丸遭難の危機を救ったのは、咸臨丸司令官木村摂津守喜毅が勝艦長の反対を押し切って乗艦してもらった、米海軍大尉ジョン・ブルックとその部下、米国捕鯨船に乗り込み操船技術を習得し、ブルックたちの通訳もした中浜万次郎である。太平洋のすさまじい嵐や荒波を受けた咸臨丸は翻弄された。前後左右に大きく傾き、海上に投げ出されそうになる時も、彼らは命綱をつけて三本のマストに登り足元に力を込めて、数十枚の帆を降ろし海上に吹き飛ばされないよう帆をたたみ、船倉に格納して太平洋を乗り切った。

蘭国医官ズィーボルトの蘭学講義は前述したが、その遺産を引き継いだ長崎海軍操練所は、蘭語文法に始まり航海術や天文測量術さらに基礎医学まである立派なシラバス（Syllabus 講義要項）ができていたが、操練所の風紀は乱れ、勉学は後回しにして丸山遊郭通いする学生ばかりで、結局幕府は一人前の船乗りを養成できなかった。原因は幾つかあるが、日本人に数百年も沁み沁み付いてしまった武士の特権階級意識と時間感覚であろう。

一日二十四時間は不変であるが、その起点は常に日の出、終点は日の入りとして、これを昼間の十二時間と夜の十二時間に分けた。

これが正しいのは一年に二日しかない。春分と秋分の日だけである。日照時間の最大の違いは夏至と冬至になるが、北緯三十六度の江戸では三時間ほどちがう。緯度が最も高い蝦夷地北部になれば、四時間以上違うであろう。

夏の昼間の一時間は七十分に伸び、冬は五十分に縮むのでは、目的地到達時間の計算が複雑になり洋上での会合時間もずれてしまう。さらに、正確な時間がわからなければ、天測も狂う。来日した日本では、一時間が毎日少しずつ変化することに気が付いた蘭国の天文学講師は頭を抱えた。学生たちも補正の仕方に苦慮したであろう。

蘭国教師団の熱心な天文学やそれに基づく外洋航海技術の講義を受けても幕府や諸藩の学生たちは身につけられず、太平洋を横断した栄光の咸臨丸も肝心な戊辰戦争で函館に入港し榎本軍と合流どころか清水湊で、巧みな操船技術を習得した新政府艦隊に簡単に包囲され、拿捕されてしまった。しかし蘭国教師団により、朧気ながら西洋航海術の素養ができた学生たちは、その後アーネスト・サトウの斡旋により、英国海軍教師団の再教育を受けて高度な操船技術を身につけてゆく。

他方、幕府外交団は優秀であった。その筆頭は小栗忠順である。外国為替が全くわからない岩瀬忠震全権が大間違いをした通商条約の為替条項により、日本が大事にため込んできた金が信じられない交換比率で流失していた。その損失額を最大に見積もった学説では一千万両、千両箱にして一万箱という（注②）。一千万両とは、現在の約三兆円に相当する。貿易収支は赤字続きで外貨が稼げなかった幕末の三兆円は、現在とは比べられない深刻なものになった。

このままでは、日本に軍艦が配備できる前に、全ての金が奪われ国家は破産する、と深く憂慮したのは勘定奉行を務め計数に強い、小栗忠順である。小栗は、幕府から遣米外交団三役の監察に任命され米国と真摯に交渉した結果、日本を財政危機から救う。

その幕府外交団はワシントンに到着、最大の任務となる批准書交換換儀式が始まった。日本の礼式として、純日本式のサムライの正装でブキャナン大統領に謁見した（注③）。その正装とは、狩衣を着け鞘巻きの太刀を腰帯に佩（は）き、烏帽子を被っていた。突然の異様な装束に驚いて対面を拒絶されぬよう、入念に米国側儀典長と打ち合わせ、リハーサルまで行った。日本を代表する外交団なので槍持ちの従者をつけるが、ホワイトハウスの玄関前まで勢揃いさせてほしいこと、サムライの正装は烏帽子をつけるが、謁見室内の大統領の面前で烏帽子をつけたままで大統領に失礼と思われないよう、閣下の内諾を頂きたい、などである。

大統領は、サムライの事前の申し出を快く承知した。武勇と礼節を大事にする日本のサムライに感心したのであろう。

大統領主催の友好親善パーティがつつがなく終わる頃、小栗はもう一つの重大任務にとりかかった。小栗は米国の応接掛を通じて、日本の小判と米国の金貨の交換比率を正しくしたい旨、米国高官に申し入れた。

「外国の金の中身を正しく計ることは、米国の資産管理にとっても重要なことなので、ぜひ貴国の金貨造幣局で日本の小判を検査していただけませんか？」（注④）。

しかし米国政府高官は、官僚答弁をして、

「米国の金の品質管理に問題あるとの内部報告はないし、貴国との為替レートは既に批准されているので変更は出来ませんな」と答えたが、小栗は引き下がらなかった。

「条約改定ではない。条約から見落とされている不公正な間違いを検証したいのです。米国の民主主義で大事なことは、公正（Fairness）であると聞いていますよ。しかるに、公正でないことがあるので検証してもらい、我々の言い分が正当ならば、正しく修正することを認めて欲しいのです」

このFairnessの言い方は、米国人が良識としてきた倫理である。古き良き日米商取引の時代があったが、トランプのAmerica Firstになってからは、米国に公正さはもはや必要無くなったように見える。

小栗忠順　Wikipedia より

小栗は造幣局に案内されると、日本の天秤秤（天秤はかり）を米国造幣技術者に渡した。技術者が子細に観察しその精緻なつくりに感嘆しているのを見た。一流の技術者は測定器や治具等がハイレベルか否か、一見して見抜く。間をおかず、小栗は、
「貴国司法省には、正義を表す天秤を持ったテミスの女神像が飾られ、裁判官も検事も弁護士も等しく

正義を貫くと聞いていますが、それは正しいでしょうか?」

「Mr.Oguri米国の司法が天秤を象徴にして、正義を追求することも良くご存じですな。その通りです」

「天秤が間違っていると、正義も正しくなくなるでしょう。日本から持参したこの天秤で百分の一オンスまで正しく計れるか、実験していただけませんか?」

造幣技術者は戸惑ってしまった。その当時の米国には百分の一オンスまで正しく計れる天秤などなかった。技術者は一番小さな分銅を取り出し、

「とりあえず、十分の一オンス(約二・八グラム)を計ってみましょう」

小栗は、十分の一オンスレベルは全く問題なかったと聞くと、次に算盤を机の上に置き、懐から取り出した十枚の小判の総重量を天秤で秤り、素早く算盤玉をはじくと日本の匁がオンスに換算された。それを懐紙に書き、技術者に提出、米国側に検証を申し入れた。

米国製の正義の天秤と計算尺による結果がいつまでたっても終わらないので、小栗は暇つぶしに煙管に日本の刻み煙草をいれ、当時は貴重品であったマッチで惜しむことなく火をつけ、一服どころか十服もしてしまい、あくびをこらえるのに必死になっていた。

フィラデルフィア造幣局は小栗が並べた小判三十枚から、技官がダイス(サイコロ)を振って出た目から五枚を鑑定することにした。サンプル抽出する時、恣意性を排除する適正な監査手法である。

小栗も立ち会った合同検証が完了し、日本の小判は全て重量が等しくそれの純度も均一であると検証され、日米通商条約為替条項の同種とは、金の品位（純度）が同じであることに修正された。これは米国造幣局長が潔く小栗の主張はFairnessと認めてくれたからであり、小栗に対する最大の敬意でもあった。

これ以後、日本の金との不適切な交換を止めることになったのは、遣米使節団の最大の成果であった。小栗は見事に日本の国益を守ったのである。

小栗が米国を去る日がきた。小栗は万感の思いで米国軍艦ナイヤガラ号から次第に遠ざかる米国の海岸を見つめ、幕府だけ考えれば良いのではない。これからの日本をどうやって、農業国家から産業国家にするか考え始めていた（注⑤）。小栗の二度目の貢献は近代日本の礎を築いたことであるが、この重要事については後述する。

桜田門外の変

一八六〇年三月（安政七年三月）咸臨丸出航の翌月、春のぼた雪が降るなか、井伊直弼は彦根藩士に護られ、駕籠に乗って江戸城に登城中、襲撃された。前述した安政の大獄で粛清した水戸藩浪士の復讐である。

〝籠の中の鳥〟と歌われるが、大名駕籠でも内寸は一㎡もない。しかも座る高さしかないから、自由に動けない。待ち伏せしていた襲撃犯に気が付いても、銃撃から身を守る覆いはなく、銃弾で負傷し駕籠から脱出できなかった井伊直弼は、簡単に首を取られてしまった。

襲撃犯は、安政の大獄で切腹や斬首された水戸藩の関係者になる。再び水戸藩が幕府に弾圧されぬよう、脱藩した十七名と薩摩藩士一名であり、吉田松陰の門下生はいなかった。吉田松陰が幕末の志士として有名になったのは、その門下生山形有朋による、明治陸軍将校へのアジア進出等の思想教育からとする説がある。

藩主井伊直弼の跡目相続の届が事前になかったことから、お家断絶の危機にあったが幕府は直弼の死を数日遅らせ、嫡子直憲の跡目相続を将軍が裁可し、取り潰しは免れた。

しかし幕府の配慮もここまでであった。彦根藩は、石高を三十五万石から二十五万石に減らされ、京都守護職も取り上げられた。藩祖井伊直正は徳川四天王と武勇を誇り、譜代筆頭家として幕府を支えてきた。その名誉と十万石を奪われた彦根藩は、密かに将軍慶喜とその配下の幕臣達を恨み、譜代筆頭でありながら鳥羽伏見の戦いではさっさと薩摩藩になびき、討幕軍に与する。幕府の処置は、彦根藩を幕府裏切り者にさせてしまった。

ロシア艦隊、対馬港租借を要求

桜田門外の変が落着した翌年の一八六一年三月、ロシア艦隊は対馬港に強引に侵入してきた。幕府に内憂外患が続く。

艦隊は約半年も居座り、対馬港の開港どころかそれ以上の租借要求を続けていた。ロシア艦隊の食料が尽きるとロシア水兵団は対馬の農漁民から米・魚を強奪し、農耕用に大事にしていた牛を艦内に引きずり込み、食肉に解体した。ロシア水兵団の凶悪な振る舞いは、島民を震え上がらせていた。

幕府は軍艦を派遣しロシアの軍艦を追い払いたかったが、長崎伝習所で操練を始めた学生たちは、侍が猿のまねをしてマストに登れるかと技術を学ばず、戦闘ができるレベルにはほど遠かった。幕府は侵入してきたロシア艦隊を自ら排除できず、英国艦隊の戦闘力を頼る他なかった。

英国からみればロシアは、欧州のみならずアジアの英国植民地であるインドやアフガニスタン、中国諸港を狙っている仮想敵国であり、ロシアの進出阻止は外務大臣から駐日公使の重要な任務の一つとして訓令されていた。オールコックはためらうことなく、英国東インド艦隊司令官に急報、英国艦隊は対馬沿岸に派遣された。

対馬沖洋上を堂々と航行してきて、停泊しているロシア艦隊に艦砲を向け、一斉射撃の構えを見た、ロシア艦隊司令官はオールコックが第二次アヘン戦争で本国に清国との開戦を請訓した強硬派であることを知っていた。手ごわい外交官とみて英国海軍との交戦を避け、ようやく対馬港から退去した。ちなみにイギリス艦隊に追い払われたロシア艦隊にとってツシマ（対馬沖）は、その四十年後にバルチック艦隊を全滅させられた因縁の海域になる。

オールコックの支援が日本を救ってくれたことを日本は忘れてはならない。当時の日本の海軍力では、対馬さえ守り切れず北方四島の不法占領に先立って、対馬は英国領香港のようにロシア領対馬にされていたであろう。そうなればロシアは対馬の公用語をロシア語にして、ウラジオストックと対馬海路を強固に繋ぎ、日本海制海権を奪ったであろう。その時は日本海ではなく、ロシア海に改名され、日本海沿岸の漁業権もどうなっていたことか。

東禅寺事件と米英仏蘭の不協和音

オールコック領事は領事館を開設するにあたり、候補地として品川・三田、高輪など幾つか提案された。来航する艦船の停泊を遮られず観察できる高台、江戸城へのアクセスなどの観点から最もふさわしいとしたのは、高輪にあった東禅寺である。本国から来航する多くの大砲を装備した大型艦は喫水が深く浅瀬になっている品川には接岸できず、沖合三マイル（約五㎞）に停泊し、艦載ボートで上陸していた。よって、接岸できない品川にこだわる必要はなく、湾内を見下ろせる高輪台に立地すれば大きな湖のような江戸湾を見通せた。その手前には東海道の松並木の街路樹が続き、カラーバランスは素晴らしかった。江戸湾の冬は、霧と厚い雲におおわれ一日中薄暗いロンドンとは大きな違いで、太陽が燦々と輝き、空気は澄み渡り、清々しい眺めである。この江戸湾の海が母国サザンプトン港につながっていると思えば遠い母国を想う寂寥感はなかった。大型武装帆船がマストにユニオンジャックを翻させ入港してくるのを眺めるのはオールコックにとって大きな喜びになった。彼は、一八五九年迷うことなくここに領事館を開設した。

ところが対馬港からロシア艦隊を追い払った七月（文久元年五月二十八日）夜十時過ぎ、最適地であったはずの東禅寺領事館は、攘夷を叫ぶ水戸浪士の一団に夜襲された。オールコック領事とアーネスト・サトウは夜陰に紛れて脱出し無事だったが、ローレンス書記官とモリソン長崎領事が負傷し本国に帰国する。

その事件から三十五年後の一八九六年（明治二十九年）特命全権公使として再来日したサトウは、元気盛んな英国の青年淑女が訪日すると東禅寺に案内した。東禅寺英国領事館は二回も襲われ、その柱や梁にくっきりと残された刀の切傷を見せ、攘夷の浪士と戦った武勇伝を冗談に話した。実際にはサトウは戦ってはいないし、青年たちもそのことは知っている。

「日本のサムライ対英国騎士の戦いなら、英国の勝ちですよね、Sir, Satow」と青年たちは笑って問いかけた。この場合のSirは敬語ではなく、騎士を意味する称号である。

欧米諸国から和親条約と通商条約がオーバーシュートされたとき、幕府が提供した各国領事館は全て寺とされた。米国は玉泉寺（後に本覚寺）英国は東禅寺、仏国は真福寺（後に済海寺）になった。日本の寺は寺社奉行の管理下にあり、仏教の各寺院はキリスト教の領事館に使われることに住職は大きな不満があったが、異議申し立ては許されなかった。

寺以外の施設としては大名屋敷がある。大藩であれば、大名家族が住む上屋敷、上級藩士が住む中屋敷、さらに下男や江戸留学が許された青年藩士が住む下屋敷と三ヶ所あり、いずれも幕府が与えた土地であるから一時取り戻しもできた。しかしその大名屋敷を舞台に雄藩と外国が秘密会談をされては一大事になる。寺を使うのが上策であった。

このころの外国掛老中やその部下の外国奉行の意識は保守的であった。開国した日本に外国人が押し寄せてきたことは、日本に何の利益になったのか。外国人特別料金で稼いだ土産物屋や輸送業に旅籠屋・茶店、それと品川・吉原・長崎の遊郭くらいではないか。それと引き換えに、多くの一般庶民は諸物価高騰や荒くれ海兵隊員や水兵から暴行され、その反動として外国人殺害事件の続発になった。その東禅寺事件の半年前には、ハリスの通訳を務めていたヒュースケン（Henry J Heusken）が攘夷の浪士に闇夜に暗殺されたことは既述した。

オールコックは、江戸府中にあてがわれた寺は防御が弱く、外交官の安全が保証されないと幕府に強硬に抗議した。この時の領事館警護は江戸時代劇に登場する、火付盗賊改方という江戸警察隊の精鋭部隊ではない。警護役にしてみれば、何故危険な異人警護をさせられるのか。異人が勝手に来日し悪事をするから憂国の攘夷の志士に斬られる。自業自得のようなものではないかと思い、異人警護は拒否したのである。

やむなく、領事館警護は外国奉行の管轄にされ、暇つぶししている旗本の道楽息子達が集められた。基より命を懸けて異人を守る気は全くない。攘夷の浪人たちが襲ってきたら真っ先に逃げる。

その報告を受けた英国領事館ユースデン(Richard Eusden)書記官は外国奉行に抗議した。奉行は、

「警備兵が足りなかったようでござる。早速増員致す故、暫し寛恕頂きたい」

ユースデンは問題の本質を捉えていた。

「襲撃されたら真っ先に逃げる警備兵では百人増員しても役に立たない。他の対策はできないのですか?」

ユースデンは、奉行の頭脳を試しているかのようである。

「それでは、奉行所にもどり皆を集めて、しかと評定いたしたい」

「評定するまでもないことだ。戦う勇気のある警備部隊と取り替えてくれたら、万事解決する」(注⑥)。

各国駐日外交団は一致して、抗議の意味を込めて各国海兵隊が警備する横浜居留地へ移ることを外国奉行に通告し、一時避難した。

しかし、米国公使ハリスはオールコック案に反対し、江戸に残留した。ハリスは自らの部下を殺されたにも関わらず、何故幕府に強硬に抗議せず賠償金を要求することなく、日米の外交問題にもせず穏便に処理したのか。幕府もヒュースケンの母国蘭国の家族宛に弔慰金をオランダ領事館に託したが、賠償金は支払わなかった。

浪士による外交官殺害を外交問題にしようとしたのは、当事者のハリスではなく、オールコック他欧州外交官グループであった。彼らの間で囁かれていたのは、ヒュースケンが日本の貧しい少女を何人もハリスの妾に斡旋したことは、異人が日本の娘たちを汚したと攘夷の浪士たちを激怒させ、ヒュースケンを狙い計画的に闇夜に暗殺したのであろう（注⑦）。

当時は男社会であり、権力者が金銭等で妾を囲うことは不祥事ではなかった。しかし、英仏蘭の外交官にはキリスト教の神父や牧師が教える男女のモラルがあり、ハリスのように治外法権で守られた外交施設である領事館の中に、数名もの少女達を妾にして囲うようなまねはしなかった。

ハリスやヒュースケンの私生活が、横浜居留地の英字新聞にそれとなく掲載され、欧米諸国政府の知るところになると、ヒュースケン殺害事件の真相は、実は・・、というスキャンダルになり、一国を代表するハリスの外交官としての評価を著しく損ねるとハリスは悟った。

ハリスはこの事件を教訓としたのか、五名の少女達全員の女中奉公を雇止めにして、それぞれの家に帰した。しかし欧州外交団とは距離を置くようになり、オールコックとハリスとの関係が疎遠になってゆくが、幕府の外国掛はこの変化を見逃さなかった。欧米の外交団が一枚岩になっていれば、幕府は手も足もでない。分裂してくれたら有難い。個別交渉も、競い合わせもできる。

当面の課題は、日本を弱くする最恵国待遇があった。各国領事が隠すことなく条約付属規定を教え合うことをしなければ、最も有利な条件などわからない。各国の権益拡大が、日本の民の生活を脅かすと外国奉行たちは考えていた。

文久遣欧使節団の外交交渉

一八六二年一月（文久元年十二月）幕府は遣欧使節団を英・仏・蘭・露等に派遣し、開市開港延期交渉と対露樺太国境交渉をさせた。欧州に派遣された幕府の外交使節団は、受け身の守りの外交から、攻めの外交を始めたことに注目すべきである。

オールコック公使は幕府に遣欧使節団派遣の意向があることを確認すると、正式に英国外務省宛てに日本からロンドン等への使節受け入れの提案や欧州各国歴訪のアポイント取をした（注⑧）。

仏国公使にもオールコックは幕府支援のため、天皇勅許が得られず開市開港を延期せざるを得ない幕府を追いつめないように提議し、内諾を得た。予算が乏しいので約四十名もの幕府外交団の費用負担を軽減するため、往路は英国軍艦、復路は仏国軍艦を提供してもらうよう根回しした。このオールコックの幕府への格別の温情はアメリカが支援した、前年の咸臨丸による渡米の結果、日本を米国贔屓にさせないようにするための英仏共同の外交駆け引きでもあった。

オールコックは欧州美術品に造詣が深く、日本の美術品や工芸品も江戸時代に世界最高レベルにあったことを認めていた。プロイセンのマイセンや英国のウエッジウッド、デンマークのロイヤルコペンハーゲンなどに大きな影響を与えた日本の有田焼等の磁器、象嵌・螺鈿・金屏風等の工芸品、更に武具というより美術品のような刀剣・鎧・兜、加えて葛飾北斎等の浮世絵が、一八六二年五月のロンドン万国博に出展された。

英国や仏国の静的な風景画とは全く異なり、北斎が富士山を小さくして大きな荒波に飲み込まれそうな和船をダイナミックに描いた富嶽三十六景や、赤富士の鮮やかな色彩の浮世絵は、周知のように〝japonisme〟という言葉が仏語辞典に新たに取り入れられ、日本の美術は世界一の芸術の都でデビューした。その影響は大きく、ルノアール・マネ・ゴッホなどが老人や少女の人物画の背景に日本が描かれ欧州に定着することになった。

工業製品では大きく出遅れても、ハイレベルな美術品を創作できる文化国家は外交においても尊敬され、友好関係に入りやすい。優れた外交官達は美術品が大好きであり、造詣も深い。他方美術品には関心がなく、外交特権を利用して酒と女性と利権探しに勤しむ外交官は軽蔑されることになる。オールコックは日本の様々な美術品や工芸品を愛し、ロンドン万国博覧会ではコレクションの中から数百点を出品、日本美術と工芸品の奥深さを紹介し日本を文化国家に高めてくれた。

オールコックはデュシェーヌ・ド・ベルクール公使と遣欧使節団の日程や見学場所さらに紹介したい要人等を詳細に打ち合わせていた。英仏両公使は共同歩調をとり、米国のハリスとは距離を置きつつあった。

遣欧使節の外交交渉に戻る。欧州各国ともおおむね五年間の開市開港延期に合意してくれた。オールコックは外交官賜暇休暇を利用して遣欧使節を後追いし、ロンドンに到着、幕府高官達と合流した。裃など高級武士とわかる礼服に身を包み、大小二本差しした威厳ある正装姿が欧州の政界・財界の有識者に注目された。中国人とほぼ同じ体格と顔つきであり、地理的に極東に位置する日本は、中国の一部と思われていたが、民族・民度・文化の違いは歴然であることを、万を超える博覧会の有識者たちに示した。欧州各国国民が、日本はもはや未開のアジアではないと理解されることが、それぞれの国会で条約改正の正当性に繫がる。

しかし使節団の重要な任務である樺太国境を定める対露交渉では、出発前の老中会議で国境線は北緯五十度で合意を得るよう老中安藤信正から訓令されていた。他方、ロシア外務省アジア局長は北緯四十八度を強硬に主張し、これ以上は絶対に譲れないとした。ロシアは既に開発拠点となる恒久施設が樺太各地にあり、実効支配を始めているが、日本の施設は樺太の入り口にある、関所のようなものでそれもアイヌ頼みではないか。ロシアは既に樺太北部にロシア人の町を築いている。その現状からすれば、樺太島の領有は五対五にはできない。最大限譲歩して面積比七対三になる。北緯四十八度が合理的という見解であった。

そもそも蝦夷（北海道）地すら点々細々と開拓している状況で、点を線に繋ぐのに大変な苦労とカネを使っている時に、さらに樺太を開発する余力はない。間宮林蔵等の日本人がたまに探検し道路地図を書いている程度で、実効支配できない北緯四十八度以南を日本領土と認めてくれれば大成功と竹内主席全権は現実的な判断をした。ところが、目付（監査役）の京極高朗が強硬に反対し、交渉を決裂させてしまった（注⑨）。

前述したように、樺太は日本とロシアが共有するという日露和親条約の結果、十三年後の一八七五年の樺太・千島交換条約では日本に樺太の持ち分がないとして、得撫島からカムチャッカ半島近くまでのちっぽけな島と樺太全島が交換になった。日本には樺太開発資金がないのだから、千島列島で魚や貝や昆布を捕っていればカネはかからないよと足元を見られたのである。もしも条約で四十八度以南が日本の領土にできていたら、南樺太をロシアに高く売ることができ、そのカネで北海道や北方四島の開発が相当進んだはずである。

ロシアも一八六七年にアラスカをアメリカに現在の価値にして一億三千二百万ドルで売却し、そのカネで海軍を強化、シベリア開発にも乗り出した。四十八度で合意しなかったことは、文久遣欧使節団には領土に関わる戦略的思考はできなかったと残念に思う他ない。

英国外交官、サトウとウィリスの着任

一八六二年九月（文久二年八月）、英国駐日公使館の通訳生としてアーネスト・サトウ（Ernest Mason Satow）が日本に着任した。薩英戦争の僅か一年前である。Satow は旧プロイセンにある先祖の郷里の地名に由来し、高祖父の代までプロイセンに住んでおり、ロンドンに移住した家系と言われている。Ernest もドイツ人に多い名前である。祖父の代から英国に帰化したが、英国国教会には入信せず、敬虔なプロテスタントが主流のルター派を信仰する家庭に生まれ、冷静な観察力と分析力を磨くように教育されていた。ロンドン大学の分校で学んでいた時から日本に興味を持ち、卒業すると外務省通訳官の試験に最優秀で合格、駐日公使館付通訳官として派遣された。

サトウと親友になるウイリアム・ウィリス（William Willis）医官は一足早く渡日していた。ウィリスは、英国の名門校エジンバラ大学医学部卒業であったから、ロンドンの一流病院の就職に困らなかったが、敢えて日本にやってきたのは高給を得て子供の養育費を稼ぐ必要に迫られていたことによる。総領事館付き医官としてまず手掛けたのが、パークス公使夫人の出産である。長崎では蘭学を学んだ日本人医師が産科を開業していたが、身重ではとても長崎まで診察に通えなかったし、横浜に英国人民間医師が開業するのは何年も後になる。

ウィリスは外科医専攻であるが、公使館付になれば外科は勿論内科も、さらにパークスのように夫人を同伴する外交官もあり、産婦人科もこなさなくてはならない。不慣れな産科診療ではあったが、それでも母子共に健康に出産を終わらせたことから、パークスはウィリスの総合医としての能力を認めた。ウィリスの次の活躍は生麦事件、そして二年後の禁門の変であった。戦国時代の刀の切り合いなら、切られた部分の縫合術で済むから西洋医学者でなくても、皮膚縫合の職人技で負傷者処置ができていた。

しかし、ウィリスとサトウが視察に訪れた京都の禁裏近くで、後述する禁門の変に遭遇する。この頃から合戦の戦傷は刀傷より、銃弾による骨の損傷対応が必要になっていた。鉛の弾丸は早く摘出手術をしないと、鉛毒が血液を通じて体内に広がり敗血症で死ぬ。弾を摘出しても骨が砕けたところに野戦の不衛生な環境では、破傷風など合併症で重篤になる。砕けた骨を放置すればいずれ壊疽を起こして死に至る。戦傷は漢方の薬草や鍼灸ではどうにも治療できなかった。

続く鳥羽伏見の戦いで、負傷者の一人に西郷隆盛の弟、西郷従道がいた。従道は長州軍の銃弾を受けて瀕死の重体となったが、ウィリスの優れた外科処置で手足の切断をしなくて済み、回復も早くその後の活躍ができた。西郷は瀕死の弟や多くの薩摩藩士達の命を助けてくれたウィリスの恩を忘れず鹿児島で破格の高給を与えるが、それは後述する。

鳥羽伏見に続いて東日本に戊辰戦争が広がり、戦傷者は急増した。ウィリスは薩摩藩の従軍軍医のように北陸戦線、更に会津戦役に従軍し、戦場で傷つき苦しむ者に即効性のクロロホルム麻酔術（注⑩）を施し、激痛に耐えかね死に物狂いで暴れさせず安全に砕けた骨の切除や弾丸摘出手術を行った。当時の麻酔はヘロイン等の薬が主流であるが有効になるまで時間を要し、緊急手術に間に合わないうちに痛みに耐えられず死ぬ戦傷者が少なくなかった。ウィリスのクロロホルム吸入麻酔薬は、英国から輸入される非常に高価な医薬品で、緊急手術を可能にする最先端医療であった。当時の日本人医師も麻酔性ある薬草から、麻酔薬を開発していたが即効性はなく、手術まで時間的に余裕がある乳癌手術等に限られていた。

ウィリスの外科手術は、軽傷者を含めれば千名近い命を助けた。その中の重要人物は後に海軍元帥に出世した西郷従道である。もしウィリスがいなかったら、従道は戦死、日清・日露の海戦指導はどうなっていたかわからない。ウィリスが前途有為な多くの若者の命を救ったことが、明治新政府の人材になり停滞なく政権を引き継げた理由になろう。ウィリスは、手術の名医と評判になり、新政府の要請で英国外交官のまま、東京医学校（東京大学医学部の前身）教授兼病院長に就任した。引き続き日本の医学会をリードして重鎮になっても不思議ではなかった。

ところがウィリスは突然解任される。表向きは、医学講義とベッドサイドで患者診察や治療を平行して行う英国式臨床医学は、新政府の医学技官達に、もはや時代遅れの医学で発展性が少ないとされた。最新の医学はドイツ医学で、医学ゼミナールや細菌学等々研究医学に優れ、今後ますます発展するドイツ医学に切り替えるのが賢明としたのである。

これは英国式臨床医学をけなすことで、ドイツ医学学習者が教授となって日本の医学教育を担うという野心もあった。ドイツ医学が最高とされたのは、コッホの細菌学の貢献もあった。全ての病気は病原菌で感染するという考えで、そうであれば患者の診断ばかりして新しい病原菌を見つけられない英国臨床医学をしていても病気は直せないという単純な誤解になった。しかし、全ての病気は病原菌によるという考えは間違っていた。血眼になって顕微鏡で探しても病原菌がない病気はざらにあった。

他方ドイツ医学は権威主義的で教授が医学生から患者まで完全支配する一面があった。ドイツの病院はKrankenhause、直訳すれば患者の家であるが、実態は患者収容所と酷評する、患者本位を志す医者からの批判があった。

臨床医学の病院とは、教会内の診療所で看護する聖職者が患者を大事にして、あふれるような親切心をもって優しく接し治療するホスピタリティ（hospitality）に由来する。そこから、今日の病院を指すホスピタル（hospital）に発展したとされる。ナイチンゲールもホスピタリティあふれる三八名の篤志看護婦を率いて、クリミア戦争の野戦病院で敵味方を問わず多くの戦傷者を助けた、英国臨床医学のリーダーであった。

ドイツで始まったKrankenhause式病院とは患者に対する意識から違っていた。さすがに第二次大戦後になるとKrankenhauseはHospitalとほぼ同じ診察・治療になるが、ドイツ式医学の少し悪いところをもっと悪くしたのが、国立大学の頂点にたつ某大学医学部とその系列医学部ではなかったろうか。医学部の外国語はドイツ語を必修とし、医師の診察記録のカルテ（Karte）もドイツ語がきまりになり、医療ミスによる患者の死亡もカルテに書かれた訳の分からぬ誤ったドイツ語では、誤診立証を困難にさせた。患者は三時間待たせ三分診てやるからそれまで待っておれ、診察になれば患者を大事にするどころかドクハラ・セクハラ診察が許されてきた。それが厚生省の指導やメディア等の批判があり、十年ほど前から患者様になり、患者はようやく医師と対等に扱われる、ホスピタルになった。

ウィリスに戻る。失脚の原因に、ウィリスが英国に残してきた子供の養育費や教育費に相当額を送金していたが、クロロホルム他医薬品を半ば独占的に輸入販売して薬屋としても儲けていたことを嫉まれたとの説もある。

ウィリスに、明治政府の右大臣と同じ高給を保証してくれる病院や医学校は東京や横浜にもなかった。ウィリスが身の振り方を考えていた時、幾多の薩摩藩士の命を救ったウィリス先生の恩に報いるのはこの時と、西郷隆盛は英国医学を薩摩藩（鹿児島県）に導入した。ウィリスは地方で初めてとなる総合病院を鹿児島に創設し、病院長兼医学校長兼鹿児島県衛生部長として鹿児島に赴任し、鹿児島の医学教育や県内衛生環境行政に貢献する。地方国立大学にして東大に匹敵するトップレベルの医学部と誇れるのは鹿児島大学やズィーボルトの蘭学医が育てた長崎大学ではないだろうか。

サトウとウィリスは親友として助け合い、日本人とも密接に交流し、日本人妻と子供をもつ親日家になるが、それは後述する。

オールコック公使が、幕府遣欧使節団の英国訪問の世話をするため、英国に一時帰国したことは既に述べた。その間の代理公使にジョン・ニール陸軍大佐が着任していた。この一時たりとも外交の空白を生じさせない人事は、英国外交のそつのなさを感じさせる。

このニール代理公使とオールコック公使、サトウ公使、ウィリス医官、オールコック公使の後のパークス公使たちが継続して日英外交の信頼関係を築いてゆくが、当時の政府であった幕府から次の政府、Shadow Cabinetsとなりうる薩摩藩を紹介したのがトーマス・グラバーである。

グラバーは薩摩藩に大量の武器を密売し、留学の世話もする立派なフィクサーになっていた。パークスが島津久光とそのスタッフ、更に薩摩藩の産業と密貿易で蓄積した経済力を見ておかなかったらパークスは薩摩に対する見方を変えられず、明治政府の承認は遅れたであろう。

革命のような大きな政権交代の時は、前政権が首都の全てを焼き払い混乱の坩堝にさせ、新政権の政治が民衆から支持されないよう妨害してゆくのが欧州史や中国史が教えるところであるが、幕府は江戸の街に火をつけず、幕府の行政施設や豪勢な幕臣・大名屋敷、さらに横須賀製鉄所や造船所まで殆ど無傷で明治新政府に明け渡し、新政府の対外外交の出足を挫かせないよう配慮した西郷と勝の合意には、サトウの大なる功績がある。このことは幕末の締めくくりとして重要になるので、後述する。

サトウの最初の任務は、ニール代理公使と老中との間で行われた生麦事件賠償交渉の通訳であった。サトウは事件の発端から調べ、犯人とされる藩士に間違いないかと処刑の前に事情を聴き、替え玉ではないことと殺害動機を再確認すると、武士（もののふ）は主君を辱める外国人は絶対に許さないという儒教の忠誠心が事件の根底にあることを理解した。

その生麦事件についても明らかにしたい。事件は、一八六二年九月（文久二年八月）生麦村（現在の横浜市鶴見区生麦）で発生した。薩摩藩主島津忠義の父にして、島津藩国父と自称する久光の大名行列は、江戸城で一橋慶喜を将軍後見役にすることの具申を終え薩摩に帰る途中であった。「下にい、下にい（頭を下げよ）」と前から近づいてくる行人たちに指示し、道端に正座させていた。そこに四名の英国人たちが乗馬のまま大名の様子を見ようと近づいてきた。

狭い外人居留区にStay homeさせられて息苦しくなった、英国商人三名と知人の英国人夫人が郊外に馬を走らせ、日本の秋景色を満喫していたところに、大名行列と遭遇した。大大名島津久光が何事かと駕籠の窓をスライドさせた時、顔を馬上から見ようとしたことに、この無礼者め、と久光警護の藩士たちは四名に切りかかった。当時の藩主は、お目見え格として直接対面できる者を限定していた。

軽々しく藩主の尊顔をのぞき見した無礼者には、無礼打ちにすることが忠臣であった。権力者による階級社会の見せしめで、攘夷の外国人斬りではなかった。この生麦事件の負傷者治療に真っ先に馬で駆けつけ緊急救命したのが、英国領事館に着任したばかりのウィリス医官であった。

幕府は各国公使館を通じて、大名行列に出会った場合の外国人心得として、道端に正座まで要求しないが、下馬して敬礼するよう通達していた。被害者の四人は英国公使館の指導を無視したのか、それとも公使館の指導がなかったのか明らかにはされていない。もし公使館の指導がなかったとなると、幕府から過失相殺も考えてくれと賠償金の減額理由にされることを、英国公使館は懸念したのかも知れない。

生麦の殺傷事件は、日本の野蛮な武士が武器を持たない英国女性にまで切りかかった、と横浜のJAPAN Timesや英国のThe Timesにセンセーショナルに報道され、これら新聞社と配信協定がある上海や英国の新聞各社が後追い報道し煽り、卑怯な薩摩を討つべしの英国世論が形成され、英国政府も薩摩との交戦もやむなしと決断した。

英国側の要求は、殺傷事件の犯人の処罰が闇から闇に葬られないように、英国外交官立会で処刑すること、被害者の補償金として二万五千ポンドを支払うことであった。サトウの通訳技術には何ら問題はなかったが、問題は、老中が補償金を二万五千ポンドから三千ドルに大幅に値切り、支払い期日は明確にせず、ニール公使や随員たちとのらりくらりと交渉時間を費やしたことであった。サトウはぬかりなく、言った言わないの水掛け論でお茶を濁してお終いにされないよう、覚書文書にした。日本語文章力にはサトウも着任早々でまだ自信がなく、英国公使館に採用されていたアレックス・ズィーボルトに査読を頼んでいた。

アレックスは出島のオランダ商館で多くの蘭学者を育てたフィリップ・ズィーボルトの長男であることは既述した。アレックスは、欧州で最も日本学が進んでいたライデン大学で学び、さらに父からも日本語の特別講義を受けていた。

ニール公使は、サトウとアレックスが苦心して覚書まで作成しても逃げの一手の老中と幕府を怒り、ついに鹿児島砲撃戦を決意した。

一八六三年八月（文久三年七月）ニール公使は万一に備えて英国公使館を護る予備艦一隻のみ横浜港に残し、英国艦隊旗艦ユーリアラス号以下七隻に総動員をかけ、公使館員もニールを先頭にほぼ全員が七隻に分乗し鹿児島に向かった。サトウとウィリスはアーガス号を指定された。

鹿児島湾と城下町を舞台の薩英戦争にサトウは着任早々巻き込まれたが、サトウは薩摩藩士と友好を深め、Give and take の機密情報の交換をしている。それは何であったかサトウは明らかにしていないが、Recruitment of spies（ハニートラップ）の関わりがあったことをサトウは自著でほのめかしている。サトウは早くも薩摩藩士有川弥九郎を取り込む情報工作を仕掛けていた（注⑪）。有川弥九郎は薩摩海軍の参謀役を務めていた。

サトウは、日本の政治のみならず民情視察にも熱心であった。京都などの花街にも足を運び、芸者や舞妓を座敷に呼ぶとあでやかな着物姿を間近に見て感嘆した。胸元は幾重の襟で閉ざされ幅広の豪華な帯を着け、艶のある西陣の絹の着物をまとっていた。しかも背面姿までしっかりデザインされている。欧州女性と違って胸元は全く見せないが、襟足を広げ、ほのかに日本の女性美をみせている。西洋にはない美的センスの違いを感じた。その芸者の中に、お歯黒をしている美人がサトウの眼に留まった。英国等欧州女性に多い雀斑がなく、きめ細かい肌をした美女であるのに、燭台のほの暗い明るさの中、お歯黒の口元は黒く、微笑みを見せると不気味であった。その習俗を尋ねると、亭主又は身請けした旦那がいる身であるから、他の男は寄って来ないでという意思表示であり、お歯黒は芸者のみならず町人の内儀もしていると聞かされた。しかしこれは日本女性の美しさを台無しにするばかりか歯のエナメル質を痛め虫歯にする悪弊として、英国人グループは日本人妻達にお歯黒をさせなかった。サトウの妻武田兼、ウィリスの妻江夏八重、トーマス・グラバーの妻つるなどにお歯黒はなく、日本女性の口元の美を見せていた。

江戸時代には全盛であったお歯黒は、明治政府が西洋人との交流を進める鹿鳴館時代とともに禁止され、日本女性は悪弊からようやく解放されることになる。

サトウの広い人脈つくりや情報の精度を高めるところは、本人は意識しなくてもインテリジェンスオフィサー（情報担当外交官）の素養を高めていく。英国にとってアジアの植民地を維持する上で、反乱の動きと首謀者を見逃さない現地情報が重要になることは言うまでもない。それを熟知している英国は、植民地内にとどまらず影響する周辺情報の分析能力を高めるため、一九〇九年に世界一のスパイ組織、Secret Intelligence Service（略称ＭＩ６）を外務省の組織として立ち上げる。ＭＩ６の長官は外務大臣の指揮下にあるとはいえ、インド・香港・オーストラリアの国王である女王陛下に直接報告し、訓令を受ける権限を付与される。

サトウの上司となるパークスは下層階級の家庭に生まれたこともあって、感情をコントロールする躾けがされておらず、前任の広州領事の時は、中国人を怒鳴りつけていたが、それは駐日公使になっても改めず、幕府や諸藩の高級役人たちに対しても同様であった。新潟開港を控えて現地調査に向かったパークス公使一行に敬意を示さないどころか、上から目線の役人たちにパークスは怒りを見せ怒鳴りつけ、さっさと英国軍艦で横浜に戻ってしまった。

英国流紳士ではなく、感情に走りやすかったパークスを日本人は批判できるだろうか。筆者はドイツに五年ほど住み、独・仏・英・西・伊・蘭・典など様々な欧州人と会議し時には厳しいビジネスもしたが、感情的になりやすいのはラテン系であり、日本人達だった。そのＤＮＡを遡れば異人斬りの攘夷の志士がいたし、庶民も町火消し、駕籠かき、飛脚に魚売りや御神輿担ぎ等々感情を出すのを威勢があって良いとした日本の風土もあった。

しかしパークスは英国女性の妻やサトウ・ウィリス、更にグラバーなど性格が穏やかで優れた仲間にかこまれ、日本で円熟し大外交官に成長してゆく。

馬関戦争とオールコック解任

文久遣欧使節団を英国で世話した、オールコック自身の休暇が終わり、江戸に戻ってみると、英国商人四名が殺傷された生麦事件に対する報復として、ニール公使は英国艦隊司令官とともに鹿児島市内砲撃に出撃していた。ニール公使は英国陸軍大佐であり、軍人として外交官より遥かに好戦的で、交戦理由は生麦事件の賠償金支払いと犯人引き渡しとした。

それから二か月後の文久三年五月に、長州藩は孝明天皇の攘夷の勅命を大義名分に、薩摩藩に続き馬関海峡で攘夷の砲戦をした。幕府は四ヶ国と通商条約を締結し開国をしていたが、鎖国派の孝明天皇から攘夷の勅命があれば、開国を撤回し鎖国に戻らざるを得ない。天皇の勅命を撤回できない幕府権力の弱体化は、外交政策を紆余曲折させた。

攘夷とは、周知のように外国人を追い払い鎖国することである。鎖国しなくては官民の外国人が次々来日し、攘夷がいつまでも続くことになる。馬関海峡は封鎖され、航行中の英・米・仏・蘭の艦船に対して無通告で攘夷の砲撃を加えた。

孝明天皇の攘夷の詔は、天皇のみならず、狭い禁裏の中に籠って外界を知らなかった皇后や女官たちの外人への恐怖と防衛意識が天皇の攘夷に影響した。当時の天皇は、幕府の法度（法令）に御璽を以て認証する業務はなく、各種の勲章授受もなく、まして一般著名人との桜を見る会などの行事もない。幕府高官との拝謁業務は僅かで、一日のほとんどは後宮で女官に囲まれて和歌などを楽しみ、関白から上奏がなければ政治とも無縁であった（注⑫）。攘夷の天皇の詔は、数百名もの戦死者がでても戦えとまでの厳しい勅命ではなく、攘夷は精神的スローガンのようなものであったろう。天皇は血を流しあう戦争を嫌い、このあと公武合体して万民平和を願っていた。

孝明天皇は一八六一年、妹の和宮を将軍家茂の正室に輿入れさせ、天皇と将軍は義兄弟になる公武合体により、弱体化した幕府体制の強化を望んでいた。しかし薩長は、天皇の御意志を理解しようとはせず、幕府を揺さぶる過激な攘夷行動を始める。

オールコックは薩長の攘夷運動が強くなってきたことを危惧していた。それが日本各地に広がり、日本防衛を口実に再び鎖国することになれば、欧米から独自の文化を注目され、輝き始めた日本の評価を下げて没落させるだけだと判断、攘夷運動の巣窟制圧を決意した。

英国艦隊が武力発動するには英国外務省の承認が必要になる。その許可を請訓する理由として、長州軍に突然不法な砲撃を受け、英国軍艦に被害があったこと、下関海峡を封鎖され、上海・長崎・下関・大阪間の主要貿易ルートが切断され、英国商船隊のアジア貿易ができなくなっていることは、英国の国益を損ねるとして長州との交戦許可を請訓した。

当時の下関港は建前上、幕府の管理下にあったが、横浜・大阪・神戸・長崎・函館等主要港の密輸監査に追われ、下関まで手が回らなかった。夜間監視用の探照灯もなく満月の月明りがなければ、漆黒の闇になる。その闇夜に紛れて長州は、幕府に発覚しないよう、当時アジア最大級の貿易を扱っていた上海と闇取引で密貿易に励み、多大な貿易利益を蓄積していた。

長州藩士伊藤俊輔と井上聞多等合計五名はグラバーの仲介でジャーディン・マセソン商会に世話してもらいロンドン大学に留学中であった（注⑬）が、長州による英国艦船砲撃に対する報復として、英国は四ヶ国連合艦隊を編成、下関攻撃が近いことを現地紙で知らされた。留学で知った英国の国力と長州のそれを比較するまでもなく敗北は必至である。しかも四ヶ国連合艦隊となれば軍艦は十数隻、艦砲数は二百門を超える。一斉射撃で長州の街は灰塵となってしまう。長州が無くなってしまっては何のための留学か。伊藤と井上は直ちに帰国し、オールコック公使と通訳のサトウに面会、開戦阻止の仲介役をすることを願い出た。

オールコックはその志や良しと認め、伊藤と井上を長州の対岸まで送り届けるようサトウに指示した。その四年後に、明治新政府のリーダーとなる伊藤博文と駐日全権公使となるサトウとの親交はこの時から始まった。

伊藤と井上は長州藩を牛耳っていた高杉晋作に英国の軍事力と工業力、その基盤となる経済力を詳細に報告し避戦を熱望したが、高杉は聞きいれず軍艦の補充や砲台の増築など継戦を進行させた。

ハリス帰任以後の米国と良好な関係にしたオールコック公使は欧州外交団のまとめ役となり、英・仏・蘭・米四か国の公使と各艦隊司令官を結束させ、開戦を決めた。オールコックは領事館や外交官襲撃事件を頻発させている浪士の巣窟長州と薩摩を力で押さえつければ、攘夷は終わるとみていた。事実薩英戦争と馬関戦争に大敗した薩摩と長州は攘夷の戦いは絶対に勝てないことを思い知らされ、反体制の有り余るエネルギーは討幕に方向転換してゆく。そのターニングポイントとなった馬関戦争を以下に述べる。

一八六四年九月（元治元年八月）四国連合艦隊は馬関海峡内に隠れていた長州軍艦を砲撃し撃沈、砲台群にも壊滅的打撃を与えた。前年の四国連合艦隊の艦砲射撃と、その後の仏国陸軍兵を中心とする陸戦隊との上陸戦により陸上陣地も占領され、叩きのめされた。欧米軍隊に長州の領地が全て占領されないよう停戦交渉する他なかった。

半ば宗教のように信じこんだ攘夷論は非現実論と理解した長州藩は、高杉晋作を全権委員として英国軍艦に送り、停戦交渉を始めた。この高杉を冷静に見ていた司令官通訳のサトウは、英国警備兵の銃剣に囲まれても全く物怖じしない高杉の胆力に感心し、いずれ長州藩を率いる男とみた。しかし、高杉は病魔に冒され志半ばにして死去、替わって木戸孝允が長州藩代表格になる。明治維新の最も重要な国体変革となる版籍奉還でサトウのアドバイスを受けるが、それは後述する。

しかし、オールコックが四ケ国軍事介入の主導的役割を果たしたことは、穏便かつ友好的な対日外交を望み、そのように訓令してきた英国外相ラッセルの意向に反する行動と判断された。

ラッセル外相はオールコックを公使から解任し、状況報告させるため本国帰還を命じた。当時日本と英国間には海底電信は未開通であり、海上郵便で通信するほかなかった。それも直行船がなく上海・香港等で積み替えになり、接続が悪い時には片道約二か月を要し、郵便の往復では情勢変化に追従できず、情勢が急転する時には判断を間違える。ラッセルは帰国したオールコックと長時間面談し、極東日本の動静を詳細に知った。外国と敵対行動していた最も強力な薩長を親英に変えさせ、東禅寺公使館襲撃、ヒュースケンや水兵たちを殺害してきた攘夷のテロが沈静化され、英国の名誉と国益を守った外交成果を認め、オールコックを英国アジア外交官の最高地位となる清国特命全権公使に栄転させた。

他方、国政を司る幕府は四ヶ国から莫大な賠償金をとられ、幕府は財政面から行き詰り、一層弱体化することになる。

文久三年八月の政変（禁門の変）

一八六三年（文久三年）は幕府にとって、内憂外患が押し寄せ息つく暇もない年になる。五月に第一次馬関戦争、七月に薩英戦争があり戦後処理も終わらない八月、孝明天皇を取り合う薩長他による政権闘争が京の都を揺るがした。禁門の変と別称される。

孝明天皇と会津・薩摩藩は幕府に攘夷行動を任せようとしたが、長州藩は三条実美を担ぎ、幕府を無視する攘夷親征（過激派が孝明天皇を擁して攘夷戦争を直接指揮）を企てた。第二次馬関戦争に大敗し攘夷戦争を断念するのは翌年になる。この禁門の変の時は攘夷親征の強引な策を試み、天皇を無理やり御所から長州にお移り頂くという大勝負にでた。成功すれば長州が幕府を押しのけ一挙に日本のリーダーになれるが、失敗すれば逆賊になる。イチかバチかの大博打を打った。

幕府は譜代大名の淀藩・会津藩と大藩の薩摩の三派連合で攘夷親征策を阻止すべく、親征派公家三条実美とその背後の長州藩の連携を絶つため、禁裏の六門を封鎖した。これにより、三条実美グループは排除され失脚、官位も剥奪され長州に亡命した。

長州は禁裏から追放された腹いせに、この時京都に火を放ったことが大火になり家屋二万戸以上を焼失させてしまい京都の民衆から激しい怒りをかった。

長州はかつて天下取りを目前にして、徳川家康が仕掛けた関ヶ原合戦に敗戦し所領百二十万石から僅か三十万石に大きく減俸され、中国一帯の中心地広島を追われ、本州のはずれの山口まで追い払われた。今度は都から追放され、二度目の屈辱をなめ、徳川への憎しみはさらに深まるが、幕府は今度こそ長州の息の根を止めようと、長州征伐を朝廷に請願する。しかし幕府はこの長州征伐に失敗、その威光は地に落ち、幕府の瓦解が始まる。この長州征伐は後述する。

幕政立て直しの元治改元

一八六四年（文久四年）は甲子改元の節目の年になる。甲子の甲は、甲乙丙の格付けで一番良く、子は干支の組み合わせで最初になる子年であるから、甲子の年は区切りがよく平安時代から改元の年とされてきた。但し、甲子の年といえども大動乱の年になればそれどころではないから、改元は見送られた。

文久元年は水戸浪士のイギリス公使館（東禅寺）襲撃、同二年には吉田東洋暗殺と生麦事件、同三年には馬関戦争・薩英戦争等々大事件が続き死者も多く、薩長も政道に口をはさみ、天下に不穏なものが漂っていた。

治安が乱れた文久をやめ、天下を刷新して平和な世にしようと、孝明天皇は改元を決めた。江戸時代を通して、事実上将軍が権力を握っていたことから、改元の申請は幕府がしてきたが、幕府の権勢は揺るぎだすと､朝廷が改元の権限を取り戻した。元号を改める本来の権限者の天皇は､新元号を「令徳」にすることを慶喜以下幕府のトップに内示した。

孝明天皇はこの時ご機嫌麗しく、幕府代表たちに、希望の元号があれば申してみよと寛大に宣れた。

天皇が「令徳」を気に入っていると内示書を下げ渡している時に、はっきり異議を申し立てられないほど幕府の権勢は弱まっていた。列席した将軍後見職一ツ橋慶喜以下補佐役全員が「令徳」に沈黙してしまった（注⑭）。

元号は言うまでもなく日本独自の年号として日本の年を定める最も重要なもので、最高権力者が公家・幕府を介して日本の全ての民に与えるものである。それをもし幕府が「令徳」を有難く受けてしまったら、いよいよ天皇が徳川に命令する時代がきたぞ、と全国の庶民からはやし立てられることを幕府が嫌がったのは無理もなかった。

現在の元号「令和」の令とは、万葉集にある初春令月に由来し、初春は良い月に始まると政府筋から説明があったが、約百六十年前の「令徳」の令は命令や法令の令と理解された。幕府は、学問は四書五経の儒学のみ学べば良いと決め、万葉集は必修にされなかったから、令には別の意味があることは知る由もなかった。

慶喜以下幕閣は、天皇に上奏する役目の二条関白にかなりの金品を贈り、朝廷が徳川に命令する令徳ではなく、徳川幕府が元から治めるという意味を込めて、元治に替えてもらったのである。

しかし､元治は令徳を嫌っただけの元号だったのか僅か一年で終わった。そして徳川に縁起が良い、ありがたい慶の字をつけた慶応に改元されるが､その慶応も四年もたず幕府は崩壊してしまう。天は、もはや幕府に寛恕を与えなかったのであろうか。慶応の意味合いについても後述する。

仏国ロッシュ公使着任と幕府支援

一八五六年十月（安政五年九月）ナポレオン三世と日仏修好通商条約を締結、初代公使ベルクールのあと六四年四月（元治元年三月）第二代仏国駐日公使ミシェル・ロッシュ（Michel Léon Roches）が江戸に着任した。ロッシュは対アルジェリア戦争にアラビア語通訳として従軍し、イスラム軍の捕虜になった経験がある。アラビア語が堪能だったことから、白人モスリム（イスラム教徒）ではないかと疑われ、割礼しているか屈辱的な身体検査をされた。モスリムと判定されたら、イスラムへの裏切り者になり、処刑されるところであった。

割礼の跡がなかったことから釈放され、その後外交官に転じた。一時とはいえイスラム軍の捕虜になり、処刑に怯えながら不屈の度胸をつけた経歴により極東に赴任となった。この経歴ならサムライの刃をみても怯まないと仏国外務省に見込まれたのであろう。

初代公使のベルクールから事務引継ぎにおいて、仏国大統領ナポレオン三世の義理の祖父ナポレオン一世は欧州の英雄と日本の将軍から崇拝されていると聞かされ、徳川慶喜に進物外交を始めた。最高級のフランスワイン、仏陸軍騎兵隊採用の精悍なアラブ馬、さらに慶喜の体形に合わせたオーダーメイドの黒光りする高級シルク地製の仏陸軍元帥の軍服である。一目で大いに気に入り着用した慶喜はその姿を写真に撮らせ、ナポレオンが育てたフランス軍が世界最強と盲信した。ちなみに慶喜がナポレオンの欧州制覇を知ったのは、出島の蘭国商館長から年次報告される「阿蘭陀風説書」による。幕府は鎖国をしていたが欧州情勢に無知ではなく、各国間の戦争は知っていた。

次いで英国外交との関わり方が討議された。英国商人が反幕府になりつつある薩長に武器供与等をしていることを知ったロッシュは、

ミシェル・ロッシュ　Wikipedia より

「ベルクール閣下。我が仏国も武器外交すべきか否か、お考えをお聞かせ下さい」

「ロッシュ君、薩長は英国に加えて米国からも南北戦争の終了で大量に余ったインチ規格の小銃や大砲を密かに買い込んでいる。我が国のメートル規格の武器は弾丸や保守部品に英国製との互換性もなく、無駄に高価な買い物はしないと思うぞ」とベルクールは答え、ロッシュに教示を続けた。

「武器貿易はさておき、日本には実に良い

絹糸を産みだす蚕種がある。ロッシュ君の故郷のリヨンに欧州最高の絹織物があるが、蚕種に疫病が大流行しリヨンの絹織物産業は危機的状況にあることは承知していると思う」

「おっしゃる通りです。しかし日本も良質の絹糸を製造していることは、渡日前にリヨンで見分してきました」

「それは良い心がけだ。リヨンの緊急対策は日本から絹糸を急ぎ輸入することになるが、恒久対策としては日本の蚕種が欧州の疫病に強いかどうか調べ、強ければ蚕種輸入も考える。そこで家茂将軍に無理を言って、強い蚕種を千匹ほど入手して、皇帝陛下の御配慮も賜りリヨンに特別輸送してみた。蚕種はイモムシより大きくグロテスクな顔や気持ち悪い動きをするが、実は繊細な生き物だ。密閉・密室・密接の三密に弱い。特に赤道の熱気には耐えられず死んでしまうから、航海は冬を選び艦内蚕室は貴重な石炭を使って暖房した。水兵たちは震えていたようだが、水兵より蚕種が大事だ。ナポレオン陛下の御命令を頂きフランス基幹産業の危機を救う救世主故に、艦長命令で水兵の中から専任の世話係を用意した。水兵には艦内蚕室の換気に注意させ、グロテスクな奴でも清潔好きだから、糞の始末と寝床の清掃も毎日させた。手抜きをして蚕種が全滅したら、世話係全員にギロチンが待っているぞ、と。その時は、艦長も監督怠慢によりヒラの水兵に降格させてくれと陛下に請願したのだ。航路は中国沿岸をたどり、天津・上海・杭州・香港など各港に新鮮な桑の葉を用意するよう、陛下から駐清仏国公使を経由し各領事にご命令を頂いた」

「閣下、それは大変なことでした。見た目ぞっとする気持ち悪い生き物でも、貴賓客待遇で豪華な船旅を楽しんだのですね。その貴重な蚕種はリヨンに安着しましたか？」

「成功したよ。日本の蚕種はリヨンの蚕種のようなイケメンはいなかったが、サムライのように強そうな面構えしているぞ、とナポレオン陛下は大いに喜ばれ、家茂将軍にアラビア種の黒光りする名馬を、何と二十五頭も贈ってくださった（注⑮）」

「それは、家茂将軍もさぞ驚き、且つお喜びになられたでしょう」

「その通りだ。この名馬で長州征伐を指揮するぞ、長州などこのアラビア馬の一蹴りで屈服するぞと仰せられた、と聞いている」

日本の蚕種が産みだす光沢にあふれた絹糸の品質の高さは目で見て楽しむばかりではなく、肌に着けてもそれまでのごわごわする綿製品とは全く異なる感触の良さに感動する芸術品であった。素晴らしい商品価値をみた仏国絹織物業界代表は、このあと明治政府とコラボレーションし、明治四年に仏人技師に官営富岡製糸工場を設計させ、翌五年には仏国から熟練した女子工員を招き、日本人工女に技術指導をさせている。これもベルクールとロッシュ両公使のおかげであった。日本には西陣織の世界一の絹織物技術があるとは言え、家内工業で小規模な生産量にとどまっていた。これを工場方式で、均一の高級品質にして大量に製造できる工程管理を仏国の技術者と熟練した女子工員の指導で学び、世界中の富裕層のレディ達に供給し貴重な外貨を大いに稼いだ。

Made in Japan, Tomioka は世界のトップブランドとして米国からもドル箱の稼ぎとなり、富岡に近接する岡谷など各地に広まり、日本の富国強兵を支える。その実質的な担い手は全国の優秀な機織り女性であった。繭から絹糸に「繰り」をして、繰り上げた絹糸から絹織物に「織る」という技術をマスターした女性が職業婦人として社会に高く評価され、日本の先端産業を女性が支える時代が始まる。

このあとロシアのバルチック艦隊を撃滅する戦艦群を英国や仏国から購入できたのもこの絹糸や絹製品の外貨獲得による。絹が日本を興す大事さに気が付き、富岡に繭玉を届ける関東シルクロードが開通し、絹糸製品は八高線や横浜線の鉄道が、人がいなかった山中に整備され横浜港で大量に船積みされる、日本のサプライチェーンの原型となった。

その原点となる養蚕から繭玉作りは山間部の農家が熱心であった。年に一度、それも狭く登ったり下りたり作業効率が悪い棚田で作られる米の収穫量とその売り上げ金はわずかなものである。しかし、夏場も涼やかな山中の家で蚕を飼い、繭玉を富岡工場の仲買人に売ることで、山間部の農民に貴重な現金収入をもたらした。それも、改良された蚕種は年に三度も繭玉を産してくれたから、お蚕様と大事にされ、桑の字も桑田・桑原・桑名・桑園など姓に使われた。富岡周辺で少なくも数万本の桑の木が植えられ、桑の木を汚す蒸気機関車は通すなと反対運動までおきた扶桑の国になった。

後年になって文部省は信州上田に養蚕学、製糸学、紡績学の研究に国立信州大学繊維学部を設置した。これは上田藩が養蚕の先駆者であり、病気に強い蚕種改良に取り組み、良質の生糸を横浜の外国商人に販売していた実績があった故である。上田盆地の養蚕地帯にアーネスト・サトウが視察に訪れた時、高級な洋装をした日本人紳士を見て驚いたと日記に記している。これも養蚕が生活を豊かにした故であろう。

原材料の良質な絹糸に付加価値をつけた絹製品のデザインや用途拡大を研究する高等教育機関として、政府は京都高等蚕糸学校を設立、戦後は国立京都工芸繊維大学に改編、絹織維に留まらず幅広い分野の研究機関として、世界に有名になり、海外から留学生が集まる。

その蚕の貢献を知っておられた昭憲皇太后は宮中で養蚕し、香淳皇太后、美智子上皇后、雅子皇后に引き継がれ、今もなお皇居内で稲作とともに、皇室が日本の伝統文化や民の暮らしを豊かにしたことを大事に思う伝統行事になっている。

日本はこの仏国の絹糸大量製造技術を始め、蘭国の西洋科学講義、英国軍艦による対馬港取り戻しや英国が世界に誇ったClinical clerk（臨床医学）などを教え、近代化に貢献してくれた恩を忘れてはならなかった。

開国の目的である友好・親善をますます深めるべきところ、太平洋戦争に踏み切り、米・蘭・英・仏国に国際法で要求される宣戦布告を後回しにして戦闘を開始、何万人もの軍人・軍属を虐待し死なせた。まさに恩を仇で返してしまったのである。

戦時中は陸海軍大元帥として軍の最高司令官であらせられた昭和天皇が戦後二十五年も経過し、英国・蘭国・仏国等公式訪問に踏み切った時、英蘭仏の諸国民から抗議のデモや嫌がらせをされ、卵や魔法瓶まで投げつけられたのも原因を考えれば、理不尽なことをされたとは言えないのではないだろうか。

過去の奪った、奪われたの歴史は日本人ならばお互い様のことと水に流してしまいたいが、欧州の諸民族はそうではない。親から子へ、子から孫へ絶対忘れるなと伝えてゆく。それが侵略したりされたりが続いてきたユーラシア大陸人やバルカン半島人の歴史観になっている。

幕府と仏国の話にもどる。幕府は薩長に対抗できる西洋式陸軍への編成替えを強く望んでいた。ベルクールは、

「武士寄せ集め軍と西洋式軍隊では、兵士が同数でも火力による破壊力と、散兵線など歩兵を最大限に活用する戦闘方法により、戦闘開始の前に勝敗は決している。仏国が幕府を支援し盛り返したら、幕府は対英米冷遇政策をしてくれ、仏国の国益にかなうことになろう」と話した。

しかし仏本国は日本の内乱に巻き込まれることを嫌った。その理由は一八五八年に始めた対ベトナム（以下越南）戦争であった。六年を経過しても越南ジャングルのゲリラ戦に手を焼いていた。仏国遠征軍は、アルジェリア・清国・横浜の居留地警備に兵力や軍事費を使いすぎており、その上日本で戦争に介入となれば兵力も軍事費も底をつき大敗になりかねない。仏がかなりの犠牲を払って越南を

掌握、植民地にしたのは一八七二年（明治六年）になる。越南完全支配の目途がつくまで仏本国は局外中立を何度も訓令した。

この元治元年三月時点では、幕政に陰りはみえていたが、薩長が幕府を倒せるだけの力は備わっていなかった。薩英戦争や馬関戦争で薩長ともに艦船を多大に損失しており、ロッシュは、幕府に軍事支援すれば薩長に勝てるとみていた。

野心家外交官ロッシュは、馬関戦争の後処理を終わったところで、新将軍の慶喜との会談を求め、慶喜もロッシュに頼むことがあった。

慶喜は先行して大阪城に入り、長州征伐陣頭指揮に大阪城に入城する家茂将軍の世話役責任者を務めた。家茂将軍の近くにいて将軍急逝時のアリバイがなく、家茂将軍と将軍の座を争い不仲だったことから、持病もなく二十歳の若さで急逝した家茂将軍を毒殺したのではと噂を流されるが、これは重要事なので改めて後述する。

一八六四年十二月五日（元治元年十一月七日）家茂急逝により、慶喜は朝廷から正式に新将軍宣下を受けると、幕臣高官達や譜代諸大名達の挨拶も終わらないうちに、ロッシュ公使と秘密会談を行った。会談は、幕臣達に邪魔されないよう城内の小部屋で行われた。二人は、サトウ以上に日本語をこなすといわれたメルメ・カションの通訳で相当突っ込んだ話になった。

慶喜はロッシュに、

一、近代的産業国家の礎となる製鉄所と造船所を横須賀近辺に建設することの支援。これは、小栗の意見具申を採用している。

二、ロシアまで攻め入り、最強といわれた仏国陸軍の最強の軍事編成、砲・兵・騎兵の連携戦法を幕府軍に教導。

これは、ベルクールが仏国居留地警備隊として手配し、横浜に到着していた陸戦隊を転用することにした。

三、実弟の徳川昭武を団長とする幕府使節団と有能な幕臣子弟をパリ留学生に受け入れ。

四、これらの資金手当てとして二四〇万ドルの借款に応じる。

以上は仏国政府の承認が必要になることなので、暫時待つことにする。

ロッシュに次に聞いておきたいことは欧州の政治制度であった。慶喜は仮に大政奉還をした時の備えとして、慶喜が主権者に留まれる将軍代替制度を考えていた。それが大統領制であり、仏国の統治システムである。米国も大統領制ではあるが、既に武器密売などから長州に肩入れしており、慶喜が米国外交団に諮問すれば長州に知られることになる。米国公使には話せなかった。

ロッシュは先行している英国外交への対抗意識もあり、仏国外務省の承認もないのに積極的に幕府支援を内諾した。

英国への対抗意識は仏国民のＤＮＡでもある。古くはヘンリー二世により仏国の半分を支配され（注

⑯）、ジャンヌダルクが命を賭けて対英戦争に勝利するまで、仏国は百年も英国と戦ってきた。仏国の英雄ナポレオンにとっても英国は宿敵であった。欧州以外でも米独立戦争で、仏国は英国の要請に反して米国植民地軍を支援した。英国は敗北し植民地米国を失い撤退するのを見て、仏国は長年の恨みをリベンジした思いがあったろう。

慶喜の日本型大統領制と西洋式軍隊の諮問に対し、ロッシュは、財務・法務・外務・内務・陸軍・海軍長官は薩長始め譜代にポストを割り当てるが、実質的に各省庁を掌握するのは幕府の奉行格とすればよい、とした。ロッシュの見るところ、幕府も薩長も汽船を集めただけの海軍であり、陸軍は散兵線に展開した総合的戦闘ができない徒党の集団のようなものだと酷評した（注⑰）。ロッシュの幕府軍と薩長軍の軍事力分析はベルクールの見立てと同じであった。

長州征伐

一八六四年八月（元治元年七月）前述した令徳案に替わる元治改元の儀式が終わった。前年の禁門の変で長州は朝廷に弓を引いた逆賊として、朝廷は幕府に対し長州追討の勅命を発した。幕府は長州藩主に禁門の変を勃発させた責任を問い藩主親子を隠居させ、徳川一門から藩主とその補佐役を送り込み、反幕一辺倒の長州を従順な親幕府に一気に変えようと考えた。しかし、幕府が狙うところはいずれ我が身に降りかかると諸藩は不安を隠せず、軍勢だけは十五万も集まったが、戦闘開始はあれこれ理由をつけて三カ月も遅らせ、十一月十八日になった。この間に長州は四国連合艦隊の砲撃を受ける。もし四国連合艦隊と幕府が指揮する長州征伐軍が連動していたら、長州は壊滅したであろう。長州を大敗させたくない諸藩が戦闘開始を大幅に遅らせた結果長州は一息つけ、存亡を賭けてカネは少しも惜しまず、最高の武器を購入する。

トーマス・グラバー　Wikipedia より

その長州の武器調達に力を貸したのは、上海から長崎に渡日してきたトーマス・グラバーである。幕府は英国公使館に対し英国商人が長州に武器を売らないよう要請、公使館もそれを了解したことから、グラバーも長州に武器を売れなくなっていた。そこに代案を示したのが、坂本龍馬である。販売先は幕府の命令で長州征伐する薩摩、販売地は上海にすれば幕府の禁止令は及ばない。伊藤・井上はグラバーから旧式になって値も下がったゲベール銃を三千挺（一万五千両）さらに最新式のミニエー銃を四千三百挺（七万七千四百両）と合計九万二千四百両（注⑱）、現在の約百八十億円に相当する、驚くべき高価な小銃の買い物をした。

ここで武器の妥当な価格とは幾らか、考えてみたい。小銃どころか機関銃二門と百二十ミリの大砲を搭載し、道なき山河を移動できる陸上自衛隊の最新式戦車でも約七億円であり、二百両も買える金額になる。グラバーも相当儲けていた。

長州藩危機存亡の買い物とはいえ、そのカネを用意するのは容易ではなく、九万両の内金として一万五千両は藩所有の汽船を上海で売り飛ばしている。この買い物が幕府軍との緒戦を圧倒する。長州が幕府と対等に戦えたのはグラバーの武器密売のおかげである。

征長軍は十五万といっても烏合の衆であり長州は負けなかった。この戦闘を長州勝利に導くのはズィーボルト門下生で、蘭語の最新軍事書から銃を多用する戦闘方法を習得した大村益次郎である。長州防衛戦として百姓・商人・職人を問わず士気盛んな者を徴兵し銃撃戦を訓練した。戦は武士だけがするのではなく、士農工商の階級を越えた国民皆兵の魁をして戦に勝つが、戊辰戦争が終結する明治二年に暗殺される。その「斬奸状」では武士の役割を奪ったことの遺恨としたが真実はわからない。

一八六六年（慶応二年）、金の馬印を掲げ、大軍を率いて上洛し、第二次長州征伐いざ出陣の前夜、家茂は大阪城で突然病に倒れ急死したことは前述した。

家茂将軍の喪に服すためとして、第二次長州征伐は取り止めになった。もし家茂将軍が長州征伐を陣頭指揮し、孝明天皇が存命であったなら、公武のトップ同士の関係は義理兄弟で良好であり、公武合体がますます強固になり長州は討伐され、諸藩も反幕行為を控える。反幕府勢力は薩摩藩のみとなっては、討幕はできなかった。明治政府は誕生せず、幕府が存続していたことは否定できないであろう。家茂将軍急死で、幕政は大きく退勢した。

孝明天皇崩御と睦仁親王践祚

家茂将軍急死の翌年一八六七年一月（慶応二年十二月）孝明天皇が突然崩御された。満三十五歳の若さであった。死因は天然痘とされているが、禁裏の奥深くに住まわれ、僅かに許された者とそれも御簾のカーテンがあるのに何故天皇一人だけ感染されたのか、死因は違うのではないかと疑問をもつことは、日本人には戦後民主化されて自由に意見ができるまで封印されていた。

英国公使館情報外交官アーネスト・サトウは着任以来数年のうちに、諸大名や伊藤博文・西郷隆盛・勝海舟を始め貿易商人や花魁に至るまで驚くほど情報源を保持していた。

その機密情報の一つに、天皇は毒殺されたとの噂があったと「一外交官の見た明治維新（上巻）」に書いている（注⑲）。サトウもその噂を話してくれた者がだれであったか明らかにしていないのは当然である。

日本側資料として信頼できる古文書は、明治天皇の外祖父にあたる中山忠能日記がある。疱瘡になられた天皇に、悪瘡発生の毒が献じられたと書かれている（注⑳）。天皇の死因は疱瘡ではなく、疱瘡の薬と偽って毒物を献上されたと示唆している。

当時の切羽詰まった情勢を見れば、どうしても攘夷を取り下げず、公武合体して親幕府になっている天皇を替えたいと策謀した討幕派はいなかったとは言い難い。孝明天皇は、既に許婚がいた妹の和宮に、日本の国のためと申し聞かせて将軍家に嫁入りさせ、公武一体となって日本を外敵から護ろうとの強い信念があった。薩長の討幕運動を好まず、過激だった長州とそれを支持する公家達を宮中から追い払い、親幕府でおられた。ところが家茂将軍が七月に急逝、それから半年もしない十二月に孝明天皇も急逝され、討幕派に有利となる満十四歳の少年睦仁親王（後の明治天皇）が践祚され、日本は大きく変針する。

しかしこの時はまだ明治に改元されなかった。今上天皇が崩御された当日、新天皇がその御世の年号を決める、当日改元になるのは大正時代からである。明治改元は遅れに遅れて翌々年にずれ込み、それまで慶応が続いた。現在の感覚からすれば、践祚された新天皇がおられるのに、なぜ明治にならなかったか、幕府が慶応にこだわったことも一因になろう。明治は遠かったが、そのことは終章で捕捉したい。

大政奉還対討幕の密勅、王政復古

孝明天皇が崩御されると一気に討幕の動きが加速した。慶応三年十月十四日（一八六七年十一月九日）の討幕の密勅である。日本を揺るがす天皇の勅命を十四歳の少年皇太子が為したとするのは多くの外交官が注目する中、さすがに無理がある。天皇の御名御璽がない異例の勅命下賜を薩長に受けさせた。

ところが徳川慶喜は討幕の勅命がなされる日に討幕の危機から脱する、起死回生の妙手を放つ。「大政奉還上表」を朝廷に提出した。

慶喜は孝明天皇急逝により、天皇の御遺志であった公武合体は潰えたと認めざるを得なかった。しかし慶喜はあきらめなかった。薩長の討幕に対抗すべく逆手を使い将軍制度を自ら廃止、仏国ロッシュ公使から伝授された大統領制度に切り替え、自ら大統領に就任、譜代大名を重要閣僚にして外様大名も取り込み体制を固めようとした。そこには討幕の西郷も大久保も岩倉も外していた。

討幕派のボスになった西郷隆盛と大久保利通らは、幕府勢力の旗頭の徳川慶喜の首をとらなければ、幕府連合軍は存続し、薩長の思うままの権力を握れない。大政奉還という禅定を認めれば日本最大の領地（経済力）と軍兵を有する幕府が残存、潜在的反勢力となって大きな影響力を残す。新政権が薩長や岩倉等の思惑違いでもたついたり失政すれば、やはり幕府が良いと、幕府復活になりかねない。

その判断を突き詰めていくと、平和的政権移譲をさせない対処に、坂本竜馬暗殺があった可能性は否定できない。国内最大且つ最強勢力の徳川軍をどうしても壊滅させたい時、幕府と薩長合同新政権を構想していた坂本竜馬の意見を要約すれば、みんな喧嘩しないで仲良く日本を洗濯しよう（作り直そう）という穏健論で、土佐藩や越前藩等が賛同していた。

長州は幕府に追いつめられて存亡の危機にあったとき、竜馬が薩長秘密同盟を仲介してくれ、最強の薩摩軍が長州征伐から手を引き、諸藩もそれに賛同したから長州は生き残れた。長州には竜馬への恩義はあるが、薩摩にはない。大政奉還してきた慶喜を許して復活も許そうとする調停役坂本は、土佐藩や越前藩に加えて有力藩にも働きかけている危険な邪魔者は消したいという十分な殺害動機があった。

竜馬暗殺現場には薩摩藩に関係する遺留品は全くない。それどころか、下手人が土佐言葉をしゃべったとか、十津川藩を名乗り名刺を残してきたとか、犯人捜査を攪乱させるものをしっかり残すのも暗殺犯たちの常套手段である。薩摩藩強硬派はこのあともゴロツキを雇って江戸の治安を乱し幕府挑発を続ける。地方では赤報隊などを使い、勝手に年貢半減などを宣言し、幕政や藩政に様々な揺さぶりをかけていた。この対幕府強硬派が西郷と大久保一派である。他方穏健派の家老として島津久光と西郷・大久保一派を繋ぎとめ、アーネスト・サトウも高く評価していた小松帯刀は力を失い、大政奉還後に三十六歳の若さで急逝する。薩摩藩の実権を握った二人に、竜馬と仲良かった小松帯刀は要らなくなった。

ここで諸外国に目を転じれば、外交交渉や条約締結能力のない薩長土肥連合体には、諸外国は新国家の承認をしないのではないかという恐れを薩長は抱いていた。それを払拭するには幕府は壊滅、もはや存在しない方が良い。新しい日本外交の実務は、これまで外交交渉に携わってきた幕臣を充てれば済む。それを見極めた締めくくりが、討幕の密勅を手配させたとみる。

討幕の密勅は、正親町三条実愛などが書いたもので、勅命に必須となる御名御璽はなく、極めて異例の公文書になる（注㉑）。まず薩摩藩主宛に大政奉還日の前日付けであったが、これは大政奉還の上奏予約がなされたと聞きつけて、密勅の日付を前倒しにしたものであろう。大政奉還の前に討幕の勅旨がなされたことが必須になった。その翌日、大政奉還日と同日付けで勅旨が長州藩主宛に下された。一日遅らせた理由があった。蛤御門の変以来、朝敵として遠ざけてきた長州を薩摩と同格にはできない。一日の差をつけるが、これを以て長州は復権が許された。

長州は薩摩に出遅れた焦りから、幕府に対しすこぶる過激になっていく。それを冷静に見ていた西郷隆盛は、長州の変わりように驚き、少なからず長州に警戒心を抱くようになってゆく。

この討幕の密勅に続く体制変革の手続きが小御所会議である。会議で極めつけ発言して注目を浴びた岩倉が武闘派の西郷・大久保とともに、明治新政府発足に向けて主導権を握った重要事件なので、以下に詳述したい。

一八六七年十二月（慶応三年）睦仁天皇（後の明治天皇）臨御の下、御所内学問所において王政復古の大号令を発し、新政府の発足が宣言された。

早速新政府組織や人事の協議が始まり、深夜まで延々と続いたが、この会議を小御所会議という。最初に会議の構成員の審議から始まった。土佐藩代表で議定職にあった山内容堂はこの会議の構成員から徳川慶喜が排除されていることに納得せず、参与の岩倉具視に向かって、公家が幼い天皇を擁して権力を取ろうとしているのではないかと問いただした瞬間、岩倉は間髪いれず公家の政治活動問題を幼き天皇の能力にすり替え、天皇を幼くして何も分からぬとは何たる不忠者か、と諸侯の前で面罵し、岩倉の力を見せつけた。このあたりは司馬遼太郎氏の幕末小説で有名な場面である。しかしこの重大な一刀両断する発言が本当にあったのか、岩倉のリーダーシップを見せつけようとした作り話ではないかという説がある（注㉒）。事実か作り話なのか、この重大な発言は公文書に見つけられない。

岩倉は通商条約締結に反対し、下級公家八十八人を集結し、上位の公家に圧力をかけるなど、政治力を見せ始めていた。

天皇が公家に与える位階と官職の相関関係により天皇制官僚国家は成り立っていた。周知のように、武士階級に支配権を奪われてきたとはいえ、王政復古となれば神祇職を始め公家の役職も政府行政職として復活し、役得にも預かれる。しかし家格がなければ旨味が大きい関白を始めとする役職に預かれない。

公家序列のしきたりを否定するかのように、公家の家格最高位にある五摂家の一つの二条家などを退陣させ、岩倉とその仲間の公家達を引き上げた。

王政復古は徳川が継承してきた将軍制度廃止と公家五摂家が独占してきた摂政関白制度廃止の二本建てで本格的な改革が始まった。

伝統を重んじる孝明天皇がご存命であれば、天皇を取り巻く公家秩序を崩壊させるクーデターを絶対に許さなかったであろう。孝明天皇崩御は結果的に、討幕派に将軍制度廃止、下級公家には摂政関白制度廃止による身上がりを容易にさせた。

慶喜、都落ちを全外交団に釈明

一八六八年一月（慶応三年十二月）徳川慶喜は大政奉還のあと京を退き、関西最大の徳川の拠点、大阪城に入城し政権交代を全外交団に説明する。英国代表はパークス公使であるが、公使補佐役としてサトウも同席し、慶喜と対面する。慶喜が英仏を始めとして全外交団を招集したのは、将軍職を退いても引き続き日本の外交を慶喜が手中に収めていること、内政では慶喜に賛同する諸藩と同盟してゆくことを了解してもらうためであった。

これまで幕府を支援してきた仏国ロッシュ公使には前もって使者を送り、慶喜の釈明のあとは幕府を引き続き支援することの声明をしてもらうシナリオであった。しかし、英国パークス公使はサトウの情勢分析から、慶喜に疑義を発し、天皇の勅令の写しを見せてくれるよう請願した。慶喜は窮地に立たされた。幕府側はその公文書は漢文調のもので、日本人でも公文書に慣れていないと読みこなせない。まして外国人にわかるものかと楽観して、読ませてしまった。アーネスト・サトウは難無く読め内容を正しく理解した。天皇政府の公文書（写し）を読まれた以上、幕府外交掛のごまかしやはぐらかしはきかなくなった。

一八六八年二月（慶応四年一月）新政府は睦仁天皇の使者として、公家で参与職兼外国事務取扱東久世通禧が全外交団を集め、天皇が書名した重大な通告を行った。それは、徳川慶喜が政権を返上したことに天皇は許可を与えたこと、主権者となる天皇の称号が条約締結時の大君の称号に取って替わること、外国事務執行はこれまでの外国奉行に替わって、天皇政府が行うことを、条約締結諸国は承認して欲しい（注㉓）と申し入れた。

戊辰戦争が始まったばかりで、薩長対幕府のどちらが勝利するか不明な時に、日本の最高権力は幕府から天皇政府に交代したことを全外交団に明確に通告した。これはアーネスト・サトウがかねてより日本の主権者は大君の徳川ではなく、天皇になると国策論等で主張してきたことが公式に宣明され、パークスは改めてサトウの分析が正しかったことを評価した。

英国公使は、日本の主権者は幕府ではなく、天皇であることを英国外務省に正式に報告し、これまでの中立から天皇政府支持に乗り出してゆく（注㉔）。

サトウの情報外交官としての人脈つくりはパークスをはるかにしのぎ、恐るべきものになっていた。睦仁（明治）天皇には既に二回も謁見を許され、皇族は有栖川親王、山科宮、公家では岩倉、三条、幕府では勝や板倉等と会見してきた。諸侯では越前公、山内容堂、島津公、会津容保、桑名定敬、阿波公、鍋島閑叟、討幕の志士では西郷隆盛、大久保一蔵、小松帯刀、木戸孝允、伊藤博文、井上馨（門多）、実業界では五代友厚等々数百名を超える。

この人脈に加え、幕府や朝廷からの公文書を原文のまま読解できたことは幕府や公家の説明を鵜呑みにせず、真実を正確に把握していた。これは米国にはできず、仏国ロッシュ公使は優秀な通訳官メルメ・カションから知らされていたが握り潰し、本国には報告しなかった。

英国は、外地の政変を含めた情報をダブルチェックやトリプルチェックし精選されたものを報告させていた。その優れた報告者の一人であるサトウは、このあと英国外務省に設置されるＭＩ６（対外情報部）の先達と言えよう。その秘密報告書の中には、日本の真の主権者は将軍ではなく天皇とする英国策論、旗本に回覧された慶喜による家茂将軍毒殺回覧文書（注㉕）、さらに孝明天皇暗殺説まであった。

鳥羽伏見の戦いと戊辰戦争

一八六八年一月（慶応三年十二月）薩長と幕府の戦いが鳥羽伏見で始まった。薩摩軍と長州軍が武士の刀と槍による伝統的戦法をやめ、近代戦の特徴である砲撃戦の火力で幕府軍を破った戦いとなる。長州は馬関戦争や長州征伐戦に備え購入していた最新式ミニエー（Minié rifle）銃を始めアームストロング砲が鳥羽伏見の戦いの勝敗を決めた。

ゲベール銃とは蘭・仏国で開発され、幕末戦に最も多く密輸された銃になる。弾丸に雷管を埋め込み、そこに撃針をバネで強く打ち弾丸内の火薬に着火、発射する仕組みで火縄銃とは違って雨中の戦いでも発射できる強力な銃であった。銃身内にライフルを刻む加工をしないため、容易に大量生産でき、欧州からアメリカに大量に輸出され、南北戦争に使われた。その戦争が終結すると会津にも転売されてきたが、既に旧式銃で射程距離も短かった。ＮＨＫ大河ドラマ「八重の桜」で薩長軍から会津を守るため、八重（女優綾瀬はるかが好演）が撃ちまくったのはゲベール銃である。射程が短いため、新式ミニエー銃を装備した薩長軍に遠距離から射撃され、会津は射撃戦で敗れた。

ミニエー銃とは世界初のライフル銃で銃身内にライフリング（旋条）を刻み、発射の瞬間に弾丸に回転力を与えることで、横風が吹いていても風に流されず、目標に命中でき、その有効射程距離は約三百メートルあった。

ゲベール銃の有効射程は約百メートル程度であり、この有効射程の違いが戦闘の勝敗を決めた。

この日本を外敵から守る、令和の攘夷の勇士、陸上自衛隊の優秀な狙撃隊員であれば、防衛秘密で非公表のため想像するが、千メートル先の敵兵に命中させられるであろう。銃器の発達により、銃撃戦は遠距離戦になっていった。

戊辰戦争で幕府軍に連戦連勝する、長州軍参謀長格の大村益次郎には戊辰戦争を仕掛ける前から、薩長軍のミニエー銃対幕府軍のゲベール銃の戦力を彼我分析し、薩長が必勝できることがわかっていた。

米国南北戦争でもゲベール銃は南軍の制式銃として大量に使用されたが、北軍のミニエー銃には勝てなかった。南軍が再び銃をとらないように六十万挺も北軍に没収されていた、ゲベール銃を米国武器商人は二束三文で買い集め、最新式の銃を知らなかった幕府や会津藩他東北諸藩に高値で売り逃げしていた。

英国外科医ウィリスはこの戦争で薩摩藩軍医として負傷兵の治療にあたり、他方幕府軍の軍医は蘭方医の松本良順である。英国医学は臨床医学に加えクリミア戦争で救命治療術も習得していた。鳥羽伏見や戊辰戦争の戦地治療や野戦病院の緊急手術が戦地医学をレベルアップさせた。

日米和親条約を徳川家茂が批准してから約十四年間幕府は政権を持ちこたえたが、鳥羽伏見で銃撃戦が始まると､僅か数カ月で江戸まで制圧されてしまった。薩長土肥の反幕府軍と本気で戦ったのは、長岡藩と会津藩くらいであり、諸藩は薩長土肥軍に中立、即ちどちらが勝利するか日和見をした。

幕府軍はなぜ山岳が多い日本の地形を利用してゲリラ戦で長期抗戦しなかったのか。天皇の錦の御旗に刃向かえなかったとするのは、言い訳のように思える。

幕府軍がゲリラ戦の前に戦意を喪失したのは、最後の将軍徳川慶喜の人望のなさによるのではないだろうか。大政奉還で驚くべき手腕を見せても戦ができなければ武士の棟梁ではない。戦場に幕府軍を置き去りにしてさっさと安全な大阪城に戻り、大阪湾から脱出用に留め置きしていた外国船に乗り込み、追跡されないよう闇夜に海路で江戸に逃げ帰った。逃げ道はしっかり早く確保していた。司令官が真っ先に逃げだして戦いに勝てた戦例は聞いたことがない。慶喜将軍の人望のなさは他にもあった。

最近のＮＨＫ大河ドラマ「西郷どん」に登場した一ツ橋慶喜は、頭は町人まげに変え、着物を町人帯で着こなし草履をひっかけ、どこから見ても町人姿で遊郭に通っていた。将軍には専用の大奥があるからその実践で恥をかかぬように早めに練習をすると、吉原通いの言い訳にしたようであるが、それを老中始め幕臣に知られては将軍の候補になれない。

上に立つ者は自らを厳しく律して、模範を示し尊敬を得ることこそ肝要であるが、そこは家茂将軍とは大違いであった。それどころか悪所通いは老中や側近にばれなければよいのだと開き直った。

その前の大河ドラマ「徳川慶喜」でも、江戸の侠客兼火消の新門辰五郎（俳優堺正章が好演）を親衛隊隊長格にし、さらにその娘お芳（女優清水美沙が好演）を側女にしていたことをその番組は隠さなかった。しかも慶喜はその侠客の娘を禁裏総督赴任に同伴させていた（注㉖）ことを、視聴者に見せた。これは脚本家の荒唐無稽の作り話ではなく、幕末研究者には半ば公然の秘密であったろう。

しかし、このような行動をしていては将軍様でなく、〝豚一様〟と陰口されたのも致し方ないであろう。仏教が禁止してきた肉食も外国人居留地で豚肉食が始まると、慶喜将軍は早速試食し、豚肉が一番美味じゃ、と諸藩に献上させたことから豚一と陰口を敲かれたとされている。

天下を治める将軍の行いを知り、幕臣も譜代大名達も将軍の信望が薄れていくのを見た薩長は、幕府軍とそれに味方する諸藩への世情不安をあおり、幕府の治安維持に揺さぶりをかけ始めた。

〝ええじゃないか〟騒動である。大政奉還一年前の一八六七年（慶応三年十一月）近畿、東海地方など地域限定して発生したもので、幕府や諸藩に捕縛されないよう祭りにみせかけた反体制運動である。「天から御札（神符）が降ってくる、これは慶事の前触れだ」と多くの庶民が好むお祭り騒ぎにして、抵抗感なく受け入れさせた。

アーネスト・サトウはその時、日本最大の貿易地と期待される大阪を視察していたが、ええじゃないかの異変に気が付き、案内役の大阪所司代に尋ねた。

「あれは大阪町人が貴国と貿易できる大阪開港を喜び、大阪が国際都市に発展することを待ち望んでおり候」とはぐらかされた。サトウは半信半疑だったが、それ以上追及はしなかった。

民衆が仮装するなどして囃子言葉の「ええじゃないか」等を連呼しながら集団で町々を巡って熱狂的に踊った。踊るだけならストリートダンスのようなもので問題はなかったが、実は、そうではなかった。

なにをしたってええじゃないか、と幕府への反抗を扇動し、集団で豪商や名主・庄屋や豪農の家に押しかけ、飲食をねだりさらに金品を強奪していく。なにをしたっての中には間男したってええじゃないか、と続く。これまで従順だった下層階級や婦女が規律を破り、支配階級に叫び始めたことは、幕府や諸藩を焦燥させた。

天から御札が自然に舞い落ちるわけがない。二〇二一年の今日、日本中を恐怖させたコロナウイルスには、疫病退治のお札や金太鼓のストリートパーフォマンスが自然発生しても不思議はなかったが、どこにも降らなかった。

ええじゃないかのお札制作や踊りの振り付けから始まって、街道筋に指導者や参加者を組織して数百人規模の動員をかけられるのは、薩長の政略だったと考えるのに不自然さはない（注㉗）。

一八六八年（慶応四年）一月末、鳥羽伏見の戦いに勝利した薩長軍は、その勢いにのって幕府の本拠地江戸制圧に向かう。この東征軍は、東山道（中山道）方面軍・東海道方面軍・北陸道方面軍の三軍に分けられた。幕府はこのような反幕府軍が江戸に大軍となって押し寄せないように、道幅を広げず大河に橋も掛けさせなかった。路上で渋滞し混乱しているところから、少しずつ潰していけば江戸につくまでに戦力を半減させられると、カネのかからない防衛策があった。

二月初旬に大阪を出発した北陸道方面軍は、三月には高田に布陣、そこに越後諸藩各代表を集めた軍参謀は錦の御旗を見せ、諸藩合計数千の軍勢と軍資金三万両の献上を命ずる。

北陸道参謀の山縣有朋は、不可能な要求ではなく下調べをしていた。出身元の長州藩御用武器商人から長岡藩が六千両もの大金を払い、最新鋭の機関銃ガトリング砲を二門も買い入れたことを知らされていた。長州藩は三門発注したのに入手できたのは、僅かの一門だった。喉から手が出るように欲しい最新鋭の強力武器を長岡藩から奪い取り、軍資金も献上させれば、このあとの江戸や会津の戦いは断然有利になると、山縣は長岡藩撃滅を決めたのであろう。

東征軍の要求を拒否した長岡藩家老河合継之助は、長岡を焼け野原にされることの口実を与えてしまった。藩主は継之助を抜擢し、好きなように超高額のガトリング砲二門の購入を許した。ガトリング砲とは六本の銃身を円形に束ね、回転させながら次々と弾丸を発射させることで毎分二百発もの連続射撃を可能にする機関銃であるが、二門合計六千両、即ち現在の価格で十二億円という恐るべき大金を使ったことになる。

これがどのくらい法外な価格であったか、既に陸上自衛隊の兵器価格と比較検証したとおりである。長岡の農民や漁民や商人達が何十年も苦労して貯めてきた汗と涙の財産を、継之助はガトリング砲で空にした。

継之助はこの最新鋭兵器を使えば薩長軍など簡単に追い払えると過信し、薩長軍と徹底抗戦、長岡の街は焼き尽くされる。この敗戦責任は、継之助を抜擢した藩主の牧野忠訓にもあろう。焼け野原にされた長岡から、藩主一家と敗軍の将は会津に逃げてゆくが、継之助は途中で戦病死する。

長岡の近くに直江津港がある。英国が仮想敵ロシアのウラジオストック港に対応するため、江戸の公使館から陸路で往ける日本海にも港が欲しかった。既に通商条約で新潟開港が決められていたが、その現地調査にアーネスト・サトウを出張させた。当時の新潟は幕府奉行所が直轄し、幕府の指示どおりになり、攘夷の志士がいない良い場所と聞かされていたが、あまりの寒村に驚き、他方栄えていた長岡の町並みと、日本海を臨み長岡とつながる直江津港は、新潟港より良港と評価した。

越後で最も栄えていた長岡は灰塵にされたあとも明治政府から冷遇されるのは会津と同様であった。かつて越後十藩の動向を監視する役目の幕府直轄地新潟は、本来ならば県都になるはずであった長岡に代わって、明治政府の梃入れで開発が進み大発展する。

日本の支配者は、幕府に替わって薩長土肥に交代したことを本州北端の民衆に至るまで知らしめたのが戊辰戦争であった。鳥羽伏見に始まり、長岡の戦い、上野戦争、そして会津の戦いで本土決戦はほぼ終結した。

戦いが終わり武器売買の損益計算をすると、目論見が大きくはずれた大商人がいた。トーマス・グラバーである。戊辰戦争は会津の戦いが終わっても、仙台藩や庄内藩を中心に三十もの小藩が奥州列藩同盟を結成すると聞いたグラバーは、武器を大量に追加発注したが、グラバー商会に届く前に、列藩同盟は薩長軍と殆ど戦わず講和していた。銃撃による激戦はなく、これが本州最後の戦いとなった。武器密売の大儲けがまだ続けられると強気だったグラバー商会に大量のゲベール銃は在庫の山となり、グラバー商会は倒産した。

しかし不屈のグラバーはこのあと明治政府を助けた功績で、外国人に異例の勲二等旭日重光章を授与されるが、これは後述する。

慶に始まり、慶に終わった徳川幕府

ところで日本人が毎日書いている漢字には、時として運命を伝える言霊の一面があるかも知れない。徳川の瑞兆となる慶の字は慶賀・慶事・大慶などめでたく喜ばしい言葉に由来する。

徳川は慶長五年の関ヶ原に大勝し天下をとり、慶長八年には家康が征夷大将軍に任ぜられ軍事の長となり慶長金銀の小判を発行、日本の正貨として全国に流通させ、軍事力に加えて経済力も掌握した。国際的にも慶長遣欧使節をメキシコ経由スペインやバチカンに送るなど慶の字は徳川が世界に羽ばたくめでたい字であった。徳川勢力は全国の米生産高三千万石のうち、約三分の一の一千万石を所有し、畏れ多くも天皇には一万石を与え、最小の大名格にしていたことは周知の事実である。

しかし、幕府衰退の兆しをみて慶応に改元し、かつて栄光に輝いた徳川の慶長のように幕府復興を念じてみたが、慶応はわずか四年ももたず慶喜将軍により幕引きをされ、国を明るく治めるという明治の御代となる。明治の元号を定めたのは睦仁天皇になり、幕府の干渉はもはやなく、これ以後元号の決定は天皇親裁となる。その明治元年（慶応四年）は一月の鳥羽伏見の戦いに始まり、戊辰戦争は長岡・上野・会津、さらに函館五稜郭戦争と続き多くの戦死者をみることになった。庶民は、これじゃ明治はとても明るく治まらねえな、と皮肉った。

幕府最後の慶応年号は、当時禁裏守衛総督の一橋慶喜が関与したと伝えられる（注㉘）。関与とは意味深長であるが、まさか自らの慶の字を元号にいれ、日本史に刻むよう朝廷に頼み込んだわけではないであろう。しかしその慶の字の因縁であろうか、徳川は慶の字とともに栄え、そして滅んでしまった。

小栗忠順、近代国家の礎を築く

小栗豊後守忠順に二度目のご奉公の時がきた。幕府が滅びるとしても、この日本を近代化させ欧米列強の餌食にならないように強い国にしよう。国家百年の計は、まずは列強の海軍に対抗できる軍艦の建造である。そのために重工業の育成が急務になる。インドも清国もこれができず、産業は紅茶や生糸など農業生産だけにされ、国は植民地にされた。

近代国家の礎になるのは、製鉄所であり、造船所である。軍艦も鉄道も線路も橋もエンジンも鉄がなくては造れない。後に日本海軍旗艦となる戦艦三笠は総重量一万五千トンの鉄の塊であり、一隻でもそれだけの鉄が必要になる。それに必要なカネは産業を起こし、貿易を盛んにし利益を増やしていけば、外国の投資も呼び込める。

幕府を倒した薩長土肥などには何のビジョンもなく、政権欲しかなかった。岩倉・大久保も視察団が欧州を視察してきて、漸く日本はなにをなすべきかわかってきた。西郷は使節団の留守役になり、海外視察もなく近代国家とは何かわからなかった。明治新政権が発足すると、あとのことは誰かに任せると、隠居してしまう。もし西郷が留守役をせず欧米を視察し、欧米近代国家をしかとみてきたら、西南戦争などおこさせなかったと思う。

インドや中国等のアジア諸国は機関車を製造できず、高価な輸入をした。機関車の支払いは運賃を充てれば良いと、英国実業家の甘言を受け、苦心して自ら工業を育てることなく植民地にしてしまった。日本を植民地にさせなかった勘定奉行小栗忠順に戻りたい。

小栗には、無償援助の結果はそうなるであろうことが見えていた。自前で工業国家になり、諸産業を振興させなくはならない。仏国から招請する技術顧問団には、まず手付金のようなコンサルティングフィーを支払わなくてはならないが、近代国家つくりに先立つものはカネの工面になる。近代国家の税制と予算制度を学ぶため小栗はロッシュに会見した。

「ロッシュ殿。近代国家には海軍も製鉄所も造船所も鉄道も必要ですが、これには幾ら金があっても足りませぬ。上様から貴殿に話されたように、仏国の支援と金融についても教えて頂きたい」

「Monsieur Oguri そのお話は上様よりお聞きしております。借款は可能ですが、二百万ドルもの大金となれば、担保が必要です。例えば蝦夷地などは好適です。九十九年租借させてもらえれば、蝦夷地の寒村をフランス風の近代都市にしてお返ししますよ。一挙両得の良い話でしょう?」

「ロッシュ殿。九十九年はあまりに長すぎる。それでは後世の日本人から、小栗は国を売った売国奴と曾孫の代まで誹られる。拙者はこれでも武士の端くれ。天皇や大君の土地を担保にするような真似は断じて出来ぬ」

　蝦夷地担保の話は、実は仏国でなく、プロイセン駐日箱館副領事の兄のガルトネルが弟の公職を最大限利用し、一八六九年三月（明治二年二月）に明治政府の函館府と「蝦夷地七重村開墾条約書」を締結したことが、無関係の小栗が仏国に北海道を抵当にいれたとの噂にされた。

　ちなみにプロイセン貿易商との契約内容は、七重村と近傍の約三百万坪を九十九年間借租借するというもので、形式上は外国資本による蝦夷地開墾であるが、北ドイツの畑地には南仏のような大規模農園はない。ライン河添いの有名な Rheingau 葡萄園は山梨のような一区画四百坪くらいの中規模農園であり、当時の農業技術では寒冷な函館郊外で小麦も葡萄も栽培できなかった。本当の狙いは函館港のバックヤードとして好立地する七重村に、三百万坪という大規模な敷地を確保し、アジアを支配する軍事基地を中核にして、ドイツ人居留地や物流・商業施設建設を狙った一大プロジェクトであったろう。ガルトネルは日本の内乱に乗じてロシアが攻めてくると不安をあおり函館近辺防備役の諸藩に武器等の販売も始めていた。

ガルトネルとその背後のプロイセンにより蝦夷地が香港租借のような危機にあることを知った、開拓庁長官の黒田清隆がガルトネルと厳しい交渉の末、一八七〇年（明治三年）に六万二千五百両（現在の価格で約千六百億円）もの巨額の違約金を支払い、租借契約を解除、事なきをえた。

このプロイセンの日本進出には、母体のハンザ貿易同盟があった。バルト海を我が海として東進し、後にポーランド王国に取り戻されるダンツィヒやロシアに奪われるケーニヒスベルク、更に最終地としてロシアと国境を接するエストニアのタリンまで進出し、ハンザ貿易同盟から新興国になったプロイセン王国を大発展させ、貿易港やそれに付属するドイツ商館や居留地などの租借交渉とその経営にも長けていた。

しかしこの新政府函館府の役人がしでかした事件を、幕臣小栗は蝦夷地をフランスに担保に差し出した国賊であると、後の小栗暗殺事件正当化に悪用されることになった。

小栗とロッシュの会議を続ける。

「そうではなく、日本の国内産業を育成しその利益を支払いに当てたい。日本の絹糸は欧州や米国に高く売れる。これは農産業の一部として小規模で行うのではなく、大工場で大量生産させたい。次に国家収入となる税制を教えて下さらぬか？　国家収入が豊かになれば二百万ドルは十年あまりで返還できる」

「Monsieur Oguri　巨額のカネを投資しなければ、日本は近代国家作りができないが、カネを使う順番が違うのではありませんか？　立派な製鉄所や造船所が完成し、鉄鋼や軍艦ができるまでに少なくも十年やそれ以上かかります。その前に率直に申して、幕府が倒されるかも知れない。そうならないように、製鉄所や造船所の前に、薩摩と長州などを完膚なきまでに壊滅させる艦隊と最新式の大砲の購入にカネを使うべきでしょう」

ここでロッシュは小栗の真意に、はっと気が付き本心を尋ねた。

「Monsieur Oguri　貴方は幕府の存続にカネを使うのでなく、日本の礎つくりと発展にカネを使うことを考えているのですね。素晴らしい人だ。感心しました。薩摩や韮山の反射炉などはもはや旧式且つ小規模で、屋形船くらいの鉄製軍艦しか建造できない。日本に本格的な大規模製鉄所や造船所を建設して、国産の大艦隊を作りましょう。小官は Monsieur Oguri のプランを早速本国に報告し、仏国の支援をとりつけますよ」

この仏国技術団や仏式軍事教練には多くの仏語通訳が必要になった。ロッシュは横浜に仏語伝習所を開校し通訳のメルメ・カションに仏語教師養成と教育カリキュラムを作成させた。カションは日本名〝和春〟を名のり俳句を作るなど日本語はサトウと同等レベルにあり、ロッシュはメルメを重宝したが、素行が悪すぎた（注㉙）。横浜の遊郭にも頻繁に通い、仏の最高級メリンス（メリノ種の羊毛で織った薄く柔らかい高級毛織物）のドレスをお梶という娘に与え妾にした。ハリスの妾の唐人お吉に対し、メリンスお梶と蔑称された。かように外人の愛人となった日本人女性への蔑視は、鎖国を続け外人を受け入れなかった日本の閉鎖社会が差別を産みだしたのであろう。開国とともに年々再々医師・大学教授・産業技術者等の外国人高度技術職が増え続け、その愛人や妻に対する差別はなくなっていった。

カションは日本人社会から認められなかった原因には行動上の問題もあった。ロッシュ専属秘書のように振る舞い、ロッシュと面談した勝海舟や西郷にも嫌われ、日本を去ってゆくが、残されたお梶は哀れであった。カションのボス、ロッシュに戻る。

「ロッシュ閣下、それは有難い。身共はそれほどの者ではござらぬが、閣下のご厚意に甘んじ、次に税制についてお教え願いたい。貴国は強大な陸軍を維持し、越南（ベトナム）を植民地にした。その経営や日本まで遠征するには、多大な財力が必要になる。貴国の資源は石炭があるが、金銀の財宝はないと承る。欧州一の小麦や葡萄酒を作る勤勉な paysanne （農民）に恵まれていても、彼らからの税収では海外投資に不足するのではござらぬか?」

「Monsieur Oguri　そのとおりです。日本の国家収入は農民の負担が多いように思います。近代国家を支えるのは全ての国民であるべきです。裕福になっている商人にも税金を負担させ、また増税は税負担者にはっきりわかる直接税ばかりでなく、消費税のような目に付かない税金をとることで陸海軍の費用に充てられるでしょう（注㉚）。加えて、公債や国債という資金調達もあります。外国債はリスクがありますが、国内債ならリスクはない。これは後程詳しい者にご説明させましょう」

一八六三年（文久三年）、小栗は既に幕府製鉄所建設案を老中に提出、反小栗派から反発もあったが、将軍家茂から承認されていた。このグランドプランにロッシュのアドバイスを得て具体化を進めた。建設地は建艦後直ちに江戸湾警備に回せる横須賀にして、製鉄所と造船所を隣接させ、鉄鋼生産の質や量、規格変更に柔軟に対応することも考慮していた。良質の鉄鋼には生もののような特性があり、特注生産をこなすには、需要と供給の素早い情報伝達が必須になる。この製鉄所と造船所は後年横須賀海軍工廠として存続、大正・昭和に日本海軍の艦隊を産みだす母体となった。小栗は百年先を見ていたのである。

その小栗に失脚の時がきた。慶喜の御前会議で薩長との主戦論を主張し、却下された。、慶喜は小栗より忖度できる勝に乗り換え、領地に引きこもった小栗には何の沙汰もしなかった。そして小栗の所にやってきたのは、命が惜しければカネを出せという強盗のような薩長の東征軍であった。これについては後に詳しく述べる。

江戸城無血開城にサトウの仲介

幕兵や親藩の兵士が薩長軍との戦いをしている中、幕府の対薩長司令部となっていた、大阪城から密かに外国船で品川に逃げ帰ってきた徳川慶喜は、討幕の偽勅と錦の御旗（天皇旗）を勝手に制作し厚かましくも官軍（天皇軍）を名のる薩長軍と戦うか、それとも和平するか、主だった幕臣を集め最後の会議を開いた。

主戦派代表は前述した勘定奉行兼陸軍奉行並の小栗忠順と海軍総裁榎本武揚・陸軍奉行大鳥圭介らである。対する和平派代表は勝海舟で大久保一翁や穏健派が勝を支持した。

小栗は慶喜に意見した。

「日本の歴史を振り返りなされよ。歴史が教えるところは、帝をめぐる戦いで勝った方が官軍。負けた方が賊軍にされまする。あの狡猾な長州をご覧なされ。帝のおわす禁門に弓矢どころか砲撃までして朝敵になった者が、帝の公家どもに金品をふんだんに与え、とりなしてもらって見事に復権した。朝敵にされるのは一時でござる。徳川八万騎はこの日のために鍛錬して参りました。お上もロッシュ殿から欧州最強の仏国式陸軍の戦法も教示されたのですぞ。長州や薩摩の芋侍どもに負けるわけがござらぬ」

慶喜は、小栗のやつめ、この俺に説教する気か。日本史は父の徳川斉昭から、皇国史観をいやというほど叩き込まれておるわ。お前の何十倍も日本史は学んでおる。本来なら無礼討ちにしたいところだが、小栗を支持する幕府高官達が控える中で小栗を罵倒できなかった。ひと呼吸おいて、冷静になり、

「小栗、我が徳川が薩摩の芋侍どもに負けるとは余も思わぬ。じゃが、錦の御旗に弓引くことはできぬぞ」

慶喜は退座し、そのあと老中溜まりで、筆頭老中に小栗グループの役職罷免を申し渡した。慶喜の意向を受け、老中は抗戦を主張する小栗や榎本、大鳥らを解任し、幕閣から追放したのである。慶喜が恭順と決めた以上、それに反対する者は邪魔になるだけであった。慶喜に食い下がった無礼は許されないと、小栗は切腹を覚悟し領地の上州権田村に自ら引きこもった。

小栗が更迭され戦わず江戸府中に官軍進駐を許したことに、幕臣は怒り上野の山に籠り、無念の思いで、討幕軍の江戸進入を見下した。

幕府軍と薩長軍が幕府の本拠地江戸で最後の決戦となれば、江戸が焼き払われ江戸町民は何万人も焼死することになろう。勝海舟は江戸町民を戦火から守るため、幕府殲滅一辺倒の西郷隆盛とのトップ会談を思いついた。その西郷率いる討幕軍に抑止を期待できるのは英国の武力を背景とするパークス公使であり、仲介役に選ばれたのがアーネスト・サトウである。

サトウは西郷とは親友同然の良い関係にあったが、英国外交官である以上、英国公使パークスの事

前承認が必要になる。パークスは一月二十五日に局外中立宣言をすると、横浜居留地に在留する諸国と相互防衛協定を結び防衛体制を固めた。しかし、東征軍対幕府軍のいずれが勝利するか、それは大乱になるか小競り合いでおわるか不明であった。パークスは既に幕府が正当政府でなくなっていることを天皇から聞かされている以上、江戸を戦火から守り、その後の新政府との外交や貿易を停滞させないことが英国の国益に資するとしてサトウの仲介役を承認し、江戸情勢見極めに派遣した。

勝海舟はサトウの仲介で横浜港に停泊していた英国軍艦に乗り込み、パークスに面談した。

「万国公法では、いったん降伏した君主を処刑することは許されないことになっている（注㉛）。そうならないように、英国公使から西郷に諭していただけないか」

パークスは万国公法とは国際間の取り決めであり、国内の内戦に適用するのはおかしなことと思った。しかし英国の国益を考え、勝海舟の願いを受け入れ、サトウに西郷に伝えるよう指示した。勝海舟は西郷とのトップ会談はサトウの仲介で根回しされていたことは記録に残していない。それどころか西郷が横浜の英国公使館でサトウとパークスに会ったのは三月二十八日とサトウ日記にあるが、勝は三月十四日に西郷と会談としている。この食い違いは西暦と和暦の違いというより、勝は西郷との会談を前倒しにして、無血開城は外国人に頼ったことを隠したのではないだろうか。

西郷は勝海舟に、

「今回は勝の願いを聞くが、この先幕府は外国人に余計な依頼をするな」と釘をさした（注㉛）のは、パークス公使とサトウの意向を受け入れたことの証左であろう。

東山道軍監察、小栗を処刑

幕府の運命に限りあるとも、日本の運命には限りがあってはならない。幕府のしたことが長く日本の為になり、徳川のおかげだと尊ばれることが徳川家の名誉になり、国の利益になるのではないか（注㉜）。同じ売家にしても土蔵付き（製鉄所と造船所付き）が良い。幕府は終わったから、あとは野となれ山となれと開き直るのはよろしくない。近代国家の基盤は製鉄所と造船所である。事実、日本が鋼鉄戦艦を造艦し、日露の海戦に勝利できたのは小栗のおかげであった（注㉝）。

一八六八年（明治元年）一月末、鳥羽伏見の戦いに勝利した薩長軍は急速に勢いをつけ、なおも幕府に味方する譜代諸藩を制圧し、江戸に向かい進軍するべく東征軍が組織されたことは前述した。その一軍が東山道軍である。

東山道とは中山道の別名であり、諏訪から甲府に南下し八王子に入り、江戸城を甲州街道口から攻める軍になる。

板垣参謀他は諏訪に入ると東山道軍を分け、一隊を高崎方面に迂回させた。高崎方面に新政府軍に敵対する幕府軍はなかった。敵として狙われたのは農村の権田村に隠棲していた小栗忠順だった。

東山道軍の厳命を受けた高崎藩や安中藩は訳の分からぬ命令に躊躇したが、錦の御旗には逆らわず、藩兵を総動員して小栗を探し回り、東善寺に匿われていたところを捕縛した。東山道軍参謀の命令で、取り調べは不要、罪名も明らかにされぬまま、烏川の水沼河原（群馬県高崎市倉渕町水沼）に家臣三名と共に引き出され、軍監察の原保太郎と豊永貫一郎により、慶応四年四月六日斬首された（注㉞）。享年四十二歳の働き盛りであり、新政府が登用していれば、お雇い外国人に頼ることなく日本が工業国家建設に取り組み、そのノウハウをしっかり身に着けたことは間違いない。

小栗の逮捕令状も処刑命令書という重要な公文書も見つかっていない。仮に、令状や命令書がなかったとすれば、殺人行為であり官軍の実態が分かるのではないだろうか。幕政下では、小塚原や鈴ヶ森の処刑場でも、処刑命令者と罪人名、罪状を記した公文書がなければ、極悪非道の殺人犯でも処刑は出来ず、正当な法手続きが遵守されていた。

近代国家の礎を築いた大功労者を適正手続き（Due process）なしに処刑するとは言語道断である。小栗は土方歳三や近藤勇などと違って、武闘派ではなく軍事行動もしていない。幕政は終わった。あとは新政府に任せると安中の権田村にあった小栗の領地に蟄居、謹慎していた。それを引きずり出して、斬首刑にしなければならない理由は何であったのか、討幕軍の権威を以てしても強奪ができなかったことへの腹いせ殺人と言っても過言ではない。

◎第四章　注釈

注①「オールコックの江戸　初代英国公使が見た幕末日本」佐野真由子著　P70
老中間部下総守邸では、最初に、日本側では外国奉行の水野筑後守、イギリス側ではオールコック駐日総領事が、それぞれ元首から全権を委任された者であることを披露しあい、オランダ語文を通じて双方の条約本文が正確であることを確認して、儀式は完了した。すると、日本側の手配によって辻々に待機していた係が順に扇を翻して合図を送り、品川沖に停泊しているサンプソン号が二一発の礼砲を発射するとともに、ユニオンジャックと日の丸を初めて高々と並べて掲揚したのである。

注②「小栗上野介の生涯」坂本藤良著　P24
幕末、外国のドル銀貨（多くはメキシコ・ドル銀貨であった）が大量に日本に持ちこまれ、かわりに、日本から大量の金貨（小判）が海外に持ち去られた。その額は不明であり、種々の学説がある。最低に見積もる学説では五十万両と言い最高に見積もる学説では一〇〇〇万両と言う。もし一〇〇〇万両だとしたら、千両箱で一万箱分というわけで、想像もつかぬほど巨額である。

注③「同書」P189
一八六〇年五月十七日、使節はホワイト・ハウスの「イースト・ルーム」で、ときの大統領ジェームス・ブキャナンに謁見し、国書奉呈の儀式をおこなうこととなった。使節団は純日本式でやることにした。服装は、正使・新見が狩衣を着て鞘巻きの太刀。副使・村垣が狩衣に毛抜き形の太刀。そして忠順は狩衣に鞘巻きの太刀、と全て盛装で、三人とも烏帽子をかぶることとした。

注④「同書」P22

この〝日米最初の為替レート交渉〟の具体的な進行について、新聞記事を引用することにしよう。

「きのうの朝、日本使節団は、約束どおり、フィラデルフィア市所在の造幣局をふたたび訪問した。『日米合同実験』の二日目である。使節団の目的は、金貨の分析に立ち会うことであった。つまり、アメリカ合衆国のドル金貨と、日本の小判について、合同実験をおこなって、それぞれの通貨にどれだけの金が含有されているかを明らかにすることであった。三個の小判が、まずそれぞれの全重量を測定され、ついでそのなかから金が抽出され、最後に、金を抽出したあとの小判の重量が測定された。小判は、三個とも重量がひとしく、金の純度もまた完全に均一であった」

注⑤「同書」P214

その夕刻の小栗のことを、服部逸郎氏（副使村垣淡路守の曾孫）がこう書いておられる。小栗豊後は溜息まじりにひとりごとをいった。

「何もかもすばらしい。わが日本もこうならなくてはならぬ。攘夷などとばかばかしい。そんなことをしていたら、各国の餌食になり、やがては分割されて植民地になってしまうのが落ちであろう。アメリカの活気に満ちた新興国の意気と、わが国の沈滞した空気とはくらべものにならぬ。ことに窮理（科学）の進歩にいたっては実に羨ましいことだ。あの造船所の機械、また造幣局の設備など、これはどうしてもわが国に取り入れねばならぬ。（中略）そうだ。自分がやろう。わが日本のため、わが徳川幕府のために、自分がやらないでだれがやれるというのだ。

注⑥「幕末江戸と外国人」吉崎雅規著　P99
事件後の一二月一一日、外国奉行新見正興らはイギリス公使館書記官ユースデン（Richard Eusden）と対談した。新見は護衛（外国奉行支配手附）にこれまで以上に注意させると述べたが、ユースデンは「事件があった時は悪党たちを取り逃がしており、付き添いは意味がないように思う。他に考えがあればお伺いしたい」と問いただす。外国奉行は「よく考えて申し入れるようにする」と答えたが、ユースデンは「考えるまでもないだろう。勇気のある役人を警備につければよいのだ」と発言した。

注⑦「オールコックの江戸　初代英国公使が見た幕末日本」佐野真由子著　P139
横浜の外国人コミュニティでは、ヒュースケンの殺害をめぐるオールコックとハリスの態度の相違について意見が百出していたが、（中略）海相サマセット侯爵が、外相のラッセル伯爵に手紙を書いていた。日本からの情報では、アメリカ公使館の秘書が暗殺されたということですが、他国の公使たちが江戸を退去したというのに、アメリカの公使が—と私は聞いておりますが—江戸にとどまって、日本側に何の咎もないと主張しているというのは、どうも奇妙な話ですね。ヨーロッパとアジアの国々の間の諍いは、すべて女をめぐるものだというヘロドトスの所見でも引き合いに出さないかぎり、私には到底説明できません。（一八六一年四月三日付）

注⑧「同書」　P152
オールコックは外務省宛にこのようなことを書いている。
イギリスの力と富、そして、我々と取り結んだ約束に対して当然払われるべき敬意というものに関して、日本の為政者たちの目を開かせるために、支配階級に属する優秀な者二、三人とその随行員を、外交使節として訪問させる以上の方法は考えられない。（中略）ヨーロッパ宮廷のすばらしさや、君主に払われる敬意、さらに、国々の間で交わされる礼譲とはいかなるものかということを、正しく理解させ、感銘を与える機会となるであろう。のみならず、国家的重要性を伴ったその他の事柄についても、アメリカから持ち帰った多くの誤った印象を取り除くことになるであろう。

注⑨「徳川の幕末　人材と政局」松浦玲著　P116
ロシアには樺太国境問題がある。遣欧使節竹内保徳一行が出発前に老中安藤信正から示されていた方針は、北緯五十度。これに対しロシア外務省アジア局長のニコライ・イグナチェフが四十八度を提案してきた。主席全権の竹内保徳は函館奉行を経験しサハリン（樺太）の実情を熟知しているので、四十八度なら受入れ可能と判断する。しかし目付の京極高朗が強硬に反対した。安藤老中の方針通り五十度だと主張して譲らない。（中略）折角の妥協案が調印できなかった。このため日本は樺太について無権利の状態に陥る。

注⑩「江戸開城　遠い崖―アーネスト・サトウ日記抄7　萩原延壽著　P241
執刀を要するすべての患者にたいして、クロロホルムを使用した。これは、日本側の医師と患者をひどくよろこばせた。クロロホルム使用により、わたしが苦痛をあたえずに手術をすませたことがわかったからであり、これはかれらを非常に勇気づけた。

注⑪「一外交官の見た明治維新（上）」　アーネスト・サトウ著　P185
大坂へ行ってきた翌日、シーボルトと私が有川の船に行って見ると、ちょうど抜錨しようとするところだった。有川は、我々を見て大いに喜び、「おんなごちそう」（女御馳走）の約束を果たすことのできなかったわびをくどくどしたのち、馳走の支度のしてある船室へ案内した。（中略）私が鹿児島や琉球に行きたいと言えば、喜んで私を渡航させてくれそうだった。

注⑫「岩倉具視　幕末維新期の調停者」坂本一登著　P49
当時の天皇は一日のほとんどを後宮で女官に囲まれてすごし、政治とは縁のない生活を送っていた。

注⑬「アーネスト・サトウと討幕の時代」孫崎　亨著　P87
海岸線には外国人商館が立ち並んでいました。最も注目されるのは、「ジャーディン・マセソン商会」です。（中略）阿片戦争は「ジャーディン・マセソン社」と関係しています。アヘンの輸入を規制しようとする清朝政府とイギリスの争いが起こった際、アヘン商人の「ジャーディン・マセソン商会」は活発なロビー活動を行います。これによって、イギリス本国の国会は九票という僅差で軍の派遣を決定したと言われています。「ジャーディン・マセソン社」は幕末、明治に、ちらちらと日本政治に介入する姿が見えます。伊藤博文（俊輔）井上馨（門多）等の五名、俗称「長州五傑」が一八六三年、主にロンドン大学ユニヴァーシテイ・カレッジなどに留学した時に、マセソン社が便宜を図っています。

注⑭「徳川の幕末　人材と政局」松浦玲著　P165

新元号の候補が幕府に通知された。「令徳」「天静」「文寛」「政化」「大應」「元治」「寧治」の七つだが、天皇は「令徳」がお気に入り。しかし将軍も希望を述べよというのだった。将軍は「元治」を希望したが、叡慮が強いから、このままでは押し切られてしまう。昨三日の二条城の議論で春嶽は「令徳」でも良いではないかと言ってみたが、慶喜を始め閣老も全員がうつむいて沈黙の抵抗。徳川に命令となる元号を我慢できないのである。

注⑮「敗北の外交官ロッシュ」矢田部厚彦著　P117
将軍家茂がナポレオン三世に送った蚕種に対する返礼として、一八六六（慶応元）年一月、アルジェリアの牝馬十五頭、種馬十頭をナポレオン三世から将軍家茂への贈り物として献上し、家茂を大いに喜ばせた。

注⑯「世界史序説　アジア史から一望する」岡本隆司著　P221
一二世紀の半ば、ヘンリ二世（一一三三―一一八九）の治世である。現在のフランスの西半分を併せ、スコットランドとの国境からピレネー山脈に渡る規模で、ヘンリは当時、西欧最大の領主だった。

注⑰「明治維新の舞台裏　第二版」石井　孝著　P152

ロッシュは、当時日本にあるのは汽船の寄せ集めと未訓練の徒党で、ほんとうの陸海軍はない、といった。彼は、大藩を押えるにはまず陸海軍を整備することが必要であり、三万の精兵、十五、六隻の軍艦さえあれば、国内を押さえるには十分である、と説き、長州のごときも、軍備の整わないうちはせいぜい手なづけておいて、軍備が整ったうえ、一気に討ち亡ぼすべきである。（中略）譜代大名の兵を江戸に招集して、将軍の陸軍と同様に訓練し、装備・兵器を統一すべきことを説いた。この幕府の新陸軍（歩・騎・砲三兵）を訓練することを目的とするフランス軍事使節団も、慶喜との会見当時はすでに到着していた。

注⑱「アーネスト・サトウと討幕の時代」孫崎　享著　P170
●この時、たまたま小松帯刀が長崎に滞在しており、伊藤・井上は小松を訪れ、名義貸しを依頼した。これに小松は承諾する。次いでグラバーを訪れ商談が成立。
ミニエー銃　四千三百挺、七万七千四百両
ゲベール短筒　三千挺、一万五千両
八月十二、三日頃に馬関（下関）に輸送。

注⑲「一外交官の見た明治維新（上）アーネスト・サトウ著　P234
彼ら（日本の貿易商人）は、天皇（訳注　孝明天皇）の崩御を知らせてくれ、それは、たった今公表されたばかりだと言った。噂によれば、天皇は天然痘にかかって死んだということだが、数年後に、その間の消息に通じている一日本人が私に確言したところによると、毒殺されたのだと言う。この天皇は外国人に対していかなる譲歩をなすことにも、断固として反対してきた。そのために、きたるべき幕府の崩壊によって、否が応でも朝廷が西欧諸国との関係に当面しなければならなくなることを予見した一部の人々に殺されたというのだ。この保守的な天皇をもってしては、戦争をもたらす紛議以外の何ものも、おそらく期待できなかったであろう。重要な人物の死因を毒殺にもとめるのは、東洋諸国ではごくありふれたことである。前将軍（訳注　家茂）の死去の場合も、一橋のために毒殺されたという説が流れた。

注⑳「幕末の天皇」　藤田覚著　P250
明治天皇の外祖父にあたる中山忠能は、女官の浜浦なる女性の手紙を日記「中山忠能日記」第三（日本史籍協会叢書、一九一六年）の慶応三年一月四日の条（七頁）に収めている。そこには、
この度御痘、まったく実疱には在らさせられず、悪瘡発生の毒を献じ候、その証は御容態は大秘、御内の者も一切承らず、かつ二十五日敏宮を達て止められ候えども、押し切って御参るなどは怪しかるべき第一と、この後何様の陰計企て候も計りがたき由、世上もっぱら唱え、危うき由。

注㉑「明治維新の正体」 鈴木壮一著 P267
討幕の密勅は公家正親町三条実愛邸で、薩摩藩の大久保利通と長州藩の広沢実臣（当時は平助）に授けられた。それには、
「朕（明治天皇）、今、民の父母と為り、この賊（慶喜）を討たずして、何を以て上は先帝の霊に謝し、下、万民の深讐に報ぜんや。賊臣徳川慶喜を殄戮（殺し尽くすこと）せよ。これ朕の願いなり」（中略）
ところが実は、この討幕の密勅には肝心の摂政二条斉敬の名がなく、前大納言中山忠能・前大納言正親町三条実愛・権中納言中御門経之の署名のみで、花押もなかった。勿論御名も無く、勅書としても宣旨としても極めて異常な、形式を満たさないものだった。（中略）いみじくも、正親町三条実愛が語ったように、討幕の密勅はこの三人（中山は名前のみ）による偽勅だった。公文書偽造、といってもよい。

注㉒「岩倉具視 幕末維新期の調停者」坂本一登著 P42
（前略）「聖上は不出世の英材を以て大政維の鴻業を建て給う。今日の挙は悉く宸断（天皇の裁断）に出づ。幼冲の天子を擁し権柄を摂取せんとの言を作す、何ぞ其れ亡礼の甚だしきや」と論破した。（中略）しかし、この挿話は歴史的事実ではない。（中略）「岩倉の一喝」は、実は、はるか後年の一九〇六（明治三九）年、岩倉の顕彰を意図して編纂された「岩倉公実記に初めて登場する「神話」なのである。

注㉓「一外交官の見た明治維新（下）」アーネスト・サトウ著　P137
文書は漢文で書かれていたが、これを訳せば、
「日本の天皇は各国の元首及び臣民に次の通告をする。将軍徳川慶喜に対し、その請願により、政権返上の許可を与えた。今後われわれは、国家内外のあらゆる事柄について最高の権限を行使するであろう。したがって天皇の称号が、従来条約締結の際に使用された大君の称号に取ってかわることになる。外国事務執行のため、諸々の役人が我らによって任命されつつある。条約諸国代表は、この旨を承知して欲しい。
一八六八年二月三日　睦仁（印）

注㉔「明治維新の舞台裏　第二版」石井　孝著　P182
当時天皇政府は、まだ外国と正式に交渉をもっていなかった。このとき新政府に、打開の途を示したのが、ほかならぬイギリス公使パークスであった。（中略）外国代表は、陸上兵力の撤退及び汽船の抑留解除を言明し、勅書を本国政府に取り次ぐことも約束した。（中略）パークスのおかげで、新政府は外国代表のまえに顔をだすことができた。

注㉕「一外交官の見た明治維新（下）」アーネスト・サトウ著　P83
旗本（一万石以下の采邑を有する徳川の家臣）の間に、秘密の回状が回った。それは、慶喜を責めるに前

将軍家茂の毒殺をもってし、誠忠の士は慶喜の命に抗して江戸近郊向島に集合せよという檄文であった。

注㉖「慶喜と隆盛　美しい国の革命」福井孝典著　P60
慶喜はいつもの東本願寺ではなく、若州小浜藩邸、通称若狭屋敷に本拠を置いた。今度の上洛には火消として新門辰五郎とその配下数十人を引き連れている。娘のお芳も慶喜の側女（そばめ）として連れてきていた。

注㉗「日本人は本当に無宗教なのか」礫川全次著　P96
みおとせないのは、「お札降り」の波及範囲が、東海道・中山道・山陽道、そして四国土佐に通ずる筋とその周辺にかぎられていることである。この筋は、翌年（一八六八年）展開する武力討伐のための戊辰戦争において、いわゆる東征軍が江戸をめざして進撃したコースであり（中略）討幕軍が、先導として赤報隊などの草莽を派遣し、民衆を「官軍」の側にひきつけ、幕府や佐幕諸藩の政治的・経済的機能を麻痺させたように、「お札降り」はよりいっそう効果のあるものとしてしくまれたのであろう。

注㉘「徳川の幕末　人材と政局」松浦玲著　P192
ところが今回は翌年に「慶応」と改元した。

京都朝廷主導で禁裏守衛総督の一橋慶喜が関与したと伝えられる。新元号の慶応は四年まで続くが、その三年に徳川幕府は滅びた。（中略）（三宅）雪嶺の言う通り、徳川幕府は慶長に興った。関ヶ原の東軍勝利が慶長五年（一六〇〇年）、家康が征夷大将軍に補されたのが慶長八年、将軍職を秀忠に譲り世襲体制を確立したのが慶長十年だった。それが、慶応に滅びる。慶長に興り慶応に滅んだのである。

注㉙「メルメ・カション　―幕末フランス怪僧伝」富田　仁著　Ｐ１４３
江戸本郷駒込の光源寺の堂守の娘であるお梶はカションのいわゆるラシャメン（洋妾）になって、カションからその頃では珍しいメリンスをもらい、それを帯にしめていたことから〃メリンスお梶〃の異名をとった。（中略）
神長倉真民氏『綿羊娘情史』では、
「さうだ。牧師だって、坊主だって人間様だ。（中略）カションも、懐中が温かくなると、忽ち俗界に還って、まづ人様並に妾をもったものだ。いかに何でも左手にバイブル、右手にラシャメンといふわけには行かないが、この左手のバイブルを捨て、しまえば、ラシャメンを両手で抱擁することが出来る。まアかういった理屈で、彼はお梶といふ娘を妾にした。（中略）勝海舟はこの五、六年来、幕府の役人のなかにはフランスの宣教師である和春（カション）という〃妖僧〃に心酔する者がいて大変困ったものであるという意味のことを慶応四年一月二十九日の日記に書いて、カションを批判している。

注㉚「明治維新の舞台裏　第二版」石井　孝著　P153
ロッシュは、陸海軍建設費にあてる収入として、家屋・宅地税、商人税、船税、酒・煙草に課する消費税や産地で茶・生糸に関する税をあげた。封建制下の本来の租税は、土地に課する現物地代であるが、このほかに商人税や消費税を課することが意図されたことは、絶対主義的税制への意向を示すものである。

注㉛「明治維新とは何だったのか　世界史から考える」半藤一利・出口治明著　P129
半藤　万国公法では、いったん降伏した相手の君主を殺すことなど許されないはずだ、と勝さんは言いました。それを聞いたパークスは「あなたの言うとおりだ」と答えて、俄然、勝さんのことを気に入ってしまったんですね。横浜港に停泊していたイギリスの軍艦アイロンジック号の艦長を呼んで三人で食事しながら、すっかり意気投合した。
出口　そのパークスの意向は、どこかの時点で西郷に届いていたのでしょうか。
半藤　パークスは、西郷がその件で京都に行っていることを勝さんの口から聞いていました。そこで、京都からの帰りに西郷が寄るはずの駿府に手紙を送り、江戸に戻る前に自分のところに立ち寄るよう伝えたんですね。その手紙を駿府で読んだ西郷は、言われたとおり、江戸に急ぐ途中で横浜のイギリス公使館に寄りました。アーネスト・サトウの日記によると、三月二十八日のことです。パークスはそこで、西郷に万国公法の話をしたんですね。降伏した慶喜公を死刑にするようなことがあれば、ヨーロッパ諸国は日本の新政府を万国公法にしたがわない野蛮人として非難するであろう、と。（中略）パークスにそんなことを言われた西郷さんは、自分が京都に行っているあいだに勝さんが何か吹き込んだに違いないと察したでしょうね。慶喜やその支持者たちに、寛大な処置をすることをパークスに伝えた上で、「この先は幕府が外国人へ余計な依頼をすることはないでしょうな」と釘を刺したようです。こうして、江戸無血開城が正式に決まったんですね。

注㉜「明治維新　司馬史観という過ち」原田伊織・森田健司著　P95

原田　小栗自身、徳川が全天下であるなどと思っていなかった。「徳川政権」と「国家」というものは、小栗の中では分けられていた。そうでなかったら、横須賀に製鉄所なんて造りませんよ。そこが既に国家人なんですよね。小栗は単なる徳川人ではなくて国家人です。それをいきなりバッサリ・・・。薩長の正体を端的に表していますね。

森田　もし、その政権と国家を綺麗に分けていることを薩長が恐れていたとすれば、分かり易いですね。自分たちが政権をとっても、また違う政権の可能性を残されては困るという思いが生じるでしょう。

（中略）

原田　後に外務大臣や内務大臣、総理大臣まで歴任した大熊重信（１８３８～１９２２）が、「自分たちがやっている維新というのは、単に小栗の模倣に過ぎない」ということをいっています。

注㉝「勝海舟の罠　氷川清話の呪縛、西郷会談の真実」水野靖夫著　P225
小栗は「たとえ幕府が滅びても、日本は滅びぬ。完成すればそっくり熨斗をつけて新しい持ち主に渡すことになり、『土蔵つき売家』としての栄誉は残せる」といっている。（中略）世界の海軍史に残る海戦となった日本海海戦で、ロシアのバルチック艦隊を破った東郷平八郎元帥は、明治四十五年（一九一二）七月、自宅に小栗の遺族を招き、「バルチック艦隊に勝利できたのは小栗さんが横須賀造船所を作ってくれたお蔭です」と礼を述べた。小栗の先見性が半世紀近く経って、評価された訳である。

注㉞「小栗上野介（主戦派）VS勝海舟（恭順派）幕府サイドから見た幕末」島添芳実著　P280
軍監察の原保太郎と豊永貫一郎は三藩の軍勢を率いて、抵抗せずに端然と迎い入れた小栗主従を有無も言わせずに引き立てた。そして、幕府要人に対して当然に払われるべきであろう尋問と評定の過程を経ずに、小栗は家臣三名とともに切腹ではなく、斬首の刑に処せられたのである。慶応四年（一八六八）閏四月六日、享年四十二歳の春であった。

終章　日英同盟と日露戦争、韓国併合

この書の終章は明治維新を成し遂げ、強力な中央集権国家となり、日清戦争と日露戦争に勝ち、欧米列強（Powers）の仲間入りを果たすところを述べる。

その前に確認しておきたいことは、幕末はいつから明治になったのか、という素朴な疑問である。結論としては、睦仁天皇が明治に改元した時になるが、その時はまだ新政府軍が幕府軍を掃蕩し終わっていない。戊辰戦争で会津藩が降伏しても、慶喜将軍がさっさと降参しても、幕臣の榎本武揚や大鳥圭介等は函館に移り、新政府軍となお抗戦していた。降伏は、明治になった翌年の五月である。

慶応三年一月九日睦仁親王が践祚され天皇になられた。翌年四月に幕府は江戸城を明け渡し、慶喜は水戸に蟄居していたが、まだ慶応であり、明治と元号を改めるのは慶応四年九月で、この時が明治元年になる。この間、幕府時代の元号である慶応が続いていた。明治政府は統治者が替わったことを早く知らしめたかったが、すんなりと改元できなかった。

幕末から明治になり国民はどう変わったのか。江戸時代までの士農工商の階級社会では分（身分）をわきまえよ、であった。明治になるとその階級がなくなり、立身立国になり能力有る者は立身して、国を支えよと意識改革させられる。

ここまで幕末の国際関係はどうであったか、日本を座標軸にして、世界は日本とどのように連動していたか、そして外国人との人間模様を見てきた。

その日本外交で最大の成果があった条約は日英同盟になろう。これなくして日本は欧米列強の仲間入りは出来ず、アジアの端っこで二流国家のまま停滞していた。英国による日本支援がロシアと清国の牽制になり、これがあったから日本は満州で清国とロシアに挟み撃ちされる心配なく、ロシアに対し戦力を集中した戦ができた。

その前の日清戦争で日本に敗れた清国は、対日復仇戦として何度もロシアに同盟を働きかけていた。その動きを知った駐清国公使アーネスト・サトウは中華民国宰相に牽制球を投げたであろう。ロシアと同盟したり、中国得意の扇動をして匪賊にロシアを支援させたら、英国を敵にすることになりかねない、と。

しかし情報外交官アーネスト・サトウはそのようなことは一言も記録に残していない。それどころか英国デボン州の自宅には日本の要人との詳しい会見内容は残さず、日にちと訪問者、場所のみ記した日記を残し、逝去した。サトウは自らの記憶力で十分に情況を把握できていた。情報外交官の模範となる、見事な散り際である。

サトウの青年時代から四十五年に及ぶ外交官の仕上げは、極東の農業国家日本が近代国家に生まれ変わり、英国のアジアの国益を守るパートナーにすることではなかったろうか。駐清国公使の時、清国領土内で日露が戦い、日本が勝利しロシアの朝鮮支配を防いだことは、日英両国の国益に叶ったことを見届け、これで我が外交官人生は完了せり、と得心したであろう。幕末明治の外交で日本にとって最大の功労者はサトウとパークスであるが、その二人についてもう少し書き残したい。

英国公使、明治天皇に信任状提出

英国の明治政府承認から改めて確認する。一八六八年二月（明治元年一月）パークス公使は明治天皇に拝謁し（注①）、信任状を提出した。公使は英国艦隊司令官やサトウを従え、明治天皇を間近に拝謁する名誉を与えた。これで英国の文武各代表者は日本の主権者を徳川慶喜でなく、天皇に替わったことを正式に認めた事になる。

重要なことは、この時はまだ東征軍が江戸を制圧しておらず、京都と江戸の二重主権のような状況であったが、英国はいち早く信任状を天皇に提出した。信任状提出とは、英国ビクトリア女王は、日本の主権者は天皇であり、その天皇が統治する日本を国家として正式に承認したことを意味する。国際的に天皇とその明治新政府を最初に認めてくれたのは、英国である。英国の承認がなければ、明治新政府が国際的に認められるまでかなり時間を要したであろう。英国の承認を注視した仏国は同年三月、ロッシュ解任後のウートレー（Maxime Outrey）公使が仏国皇帝ナポレオン三世署名の信任状を提出した。仏国も幕府から天皇に乗り換えた。

しかし米国は弁理公使ヴァルケンバーグ（Robert B. Van Valkenburgh）をして二年前に家茂将軍に信任状を奉呈したまま、何の思惑があったのか七か月も明治天皇承認を遅らせた。ちなみに弁理公使とは別名代理公使で、正式の公使よりも格下の公使を派遣してきた。米国はハリスのしがらみからか、日本に冷淡であった。

翌明治二年、新政府は幕府老中が外国事務総裁として承認した鉄道敷設契約を破棄した。これは、米国公使館員アントン・ポートマン（Anton L. C. Portman）が申請した江戸―横浜間の鉄道敷設事業に対し、老中小笠原長行が承認してしまったことの後始末になる。

米国の鉄道事業やプロイセンの蝦夷地租借等、明治政府の門出に外国との不手際が続いた。契約書を子細に読んだ新政府担当官は、米国が所有権を有することの危険は日本のインフラ整備という名分で、江戸―横浜間を米国実業家のドル箱路線にされ荒稼ぎされるだけではない。

鉄道は国家統一に必要なインフラであり、これを外国にとられると、次は鉄道警備を理由に周辺土地を買収され、さらにその土地に沿って電信線が設置され、電報を使った国家機密は全て傍受され、次第に属国にされてゆく。大変なカネと労力がかかっても鉄道は自国で建設しなければならない。

東京―横浜や東京―大阪などは鉄道需要が大きく伸びるから、建設費の回収に何年も要しない。必要な資金繰りや鉄道規格・運行技術それに経営ノウハウは英国が支援するとアドバイスしてくれたのは、パークス公使であった（注②）。

一八七二年（明治五年）九月、土地測量や線路の設計など英国の多大な支援をえて、新橋と横浜間に日本最初の国有鉄道が開通した。丸投げではなく、自ら設計・施工し完成させたことで鉄道建設技術が身につき、以来鉄道は、全国津々浦々の山村にも網を広げ、新聞や物資を送り、地方駅も情報拠点として文明開化させ国家意識も高めていった。もしも明治政府が外国任せの気楽な情報・物流行政をしていたら、日本の鉄道は国鉄ではなく、米国大陸横断鉄道（Transcontinental Railroad）日本支線になっていたかもしれない。

駐日外交官を親日にした日本人妻達

ここからは、幕末明治に貢献した人間模様に話を進める。外交官として日本人妻を持ったアーネスト・サトウやウイリアム・ウィリス、貿易商のトーマス・グラバー、仏国公使レオン・ロッシユ、遡って蘭国情報外交官フィリップ・ズィーボルト達は、西洋文化と隔絶した異郷の地に住み続けることはメンタルな病になりがちであった。しかも当時の日本で外国人達は、攘夷を叫ぶ浪士達に命を狙われていた。幕末に惨殺された外交官や水兵は数多い。当時の江戸や横浜の通りに街灯はなく、月明りがなければ漆黒の闇夜になる。江戸時代の狭い道を近づいてくる者は暗殺者か、寸前までわからない。その悪夢にうなされて真夜中に目が覚めても、傍らに日本人妻か愛人がいれば、寝息を聞いて心安らぎまた眠りにつけたことであろう。

一八六三年通商条約調印に来日したスイスの外交官エメ・アンベール（Aimé Humbert）は幕末の写実画を何十枚も残しており、画家としても評価も高い。その一枚に吉原の遊郭大通りの夜景画がある。遊女を見に来ている客はかろうじて十名ほどいるのがわかるが、繁華街であっても通りの明かりは、客が手に持つ提灯しかない。

その江戸で彼らは注目される大仕事を為した故に後世の歴史家たちから、死後になって勝手な詮索をされることは本人の遺族に迷惑掛けると思うのは当然である。それを危惧して死後公開されるかも知れない自叙伝や日記等に、日本人妻に関しては何も書いていない。あたかも存在すらなかったかのように。

サトウは日本での生活は、一八七一年（明治三年）頃に武田　兼と事実婚を始めているが婚姻の届出書を忘れたようである。但し一八八〇年（明治十三年）に長男栄太郎、同八三年（明治十六年）に次男久吉の出生届けを提出している。しかし外交官の常として海外転勤がありシャム総領事、ウルグアイ総領事、モロッコ総領事を歴任して、最愛の妻子がいる日本総領事（後に公使に昇格）で戻ってくるのは一八九五年（明治二十八年）になる。戸山の別宅で家族団欒から外食、美術館見学、日光への小旅行など毎週末には家族サービスを心掛け家族愛に満ちた生活を過ごしていた。

しかし肝心な妻のことは公式の自叙伝となる「一外交官の見た明治維新（A Dipromat in Japan）上・下巻」には何も書かず、私的なことを少しだけ書いたのは「アーネスト・サトウ公使日記」であるが、一般人には暗号のような表記をしている。

アーネスト・サトウ　wikipediaより

最愛の妻武田　兼をＯＫ（注③）、次男久吉はチャーチャン（注④）と記述しているが、これは翻訳者の長岡祥三氏が克明に調べて追記した親切な注釈で気が付く。二人の子供と外食する時は「E.Hと戸山町に行く」と表現したのは、外国人と誤解することを狙ったのかも知れない。一八六二年の来日以来熱心に漢字を習得したサトウは、長男に栄太郎、次男に久吉（ひさよし）と当時の日本人に代表的な良い名前を考えて命名したが、ミドルネームに英語の名前はつけなかった。兼と子供二人に会う時は富士見町又は戸山町、戸山町とは、九段の富士見町のサトウの家が知られるようになってきたので、高田馬場の郊外で当時は田園地帯だった戸山町に別宅を借り、週末に帰ってきたサトウとその親子は団欒を楽しんだ。

日本公使から北京公使に昇格栄転し、北京で職務に精励したサトウは、一九〇六年（明治三十九年）、五年半に及ぶ北京生活から解放され、英国に帰国する。その途上兼と久吉に会うため日本を再訪した。これが青年時代のほぼ全てを尽くした日本の見納めとなるとは思わなかったと推測する。サトウはこの時まだ六十三歳であった。兼にロンドンに来てくれるよう頼んだであろう。しかし、兼は久吉がロンドン留学から帰らなくなるかもしれない不安から、幼女を養子にして共に暮らすという考えをサトウに話していた（注⑤）。兼は、これから英語を学び英国に渡り英国流の生活をすることに老いを感じためらったのではないだろうか。

サトウは帰国を約一カ月も延期し、かつて何度も久吉をつれて訪れた思い出の地、日光中禅寺湖畔に向かった。久吉に植物の分類とその見方を教え、珍しい植物を採取し自宅に植えた。数多い樹木の中でも好きだったのは竹であった。竹はロンドンや欧州にも自生しておらず珍しかった。ちなみに欧州で竹笹の植栽が始まったのは、一九三〇年過ぎに蒋介石が英・独等に対日軍事支援の御礼に稀少動物のパンダを竹笹付きで謹呈してからといわれている。パンダは故郷を遠く離れても、竹笹があれば生きられた。

サトウは登山も好きであった。養蚕業の実態や絹織物の品質等を視察する機会に、信州や群馬、更に日光の山々を踏破していた。久吉が登山家兼植物学者となるフィールドワークの拠点として、中禅寺湖畔に別荘まで建てていた。

その久吉をロンドン留学に呼び寄せ、大学や植物学研究所を紹介し、植物学博士号を取得させると、なお欧州で勉学を続けたがった久吉を日本に帰した。久吉がロンドンに向かった後、年老いた母は一人生活となっていた。ロンドン留学が六年にもなった久吉を日本に帰してくれと兼はサトウに何度も和文で手紙を書いていた。サトウからの返信は、久吉の勉学が終了次第、日本に帰すから心配しないでという、簡潔にして思いやりある見事な候文である（注⑥）。

ちなみに武田久吉氏は、ロンドンから帰国後、父アーネストの愛した日光に連なる尾瀬の保護や、日本山岳会会長を務め立派な業績を残された。

サトウは家族への愛は惜しみなく与え、生活の基盤となる家は現在の千代田区富士見町に購入し、兼に与えた。兼と久吉に再会した後はアメリカ経由にして長男の栄太郎と会っている。栄太郎はロンドン近郊のケンブリッジ大学に留学中、結核を再発した。英国は産業革命により動力としての石炭の大量燃焼が一八六〇年代末頃から活発化して、ロンドンの空気を汚染していた。栄太郎は陰鬱で空気も良くないロンドンより遥かに気候が良く大気汚染もなかったカリフォルニアに転地療養する。そこでアメリカ娘と結婚し、幸福な生活をおくっていたが、結核が悪化しついに日本には帰れぬまま、父に先だって一九二六年米国で客死した。享年四六最の若さであった。

一九〇六年アーネスト・サトウは英国に帰国すると、ロンドンから約二百キロメートルも離れたウェールズ郊外のデボン州 Devon county に隠棲し、執筆に疲れると小さな日本庭園を愛でながら独身暮らしをしていたことは、兼に頼まれて父を尋ねた久吉が母に手紙に書いている。

サトウは兼に送金を欠かさなかった。二十五年に及ぶ日本駐在時代に買い集めた浮世絵を始め多くの歴史的価値ある古文書に加え、北京の有名商店街王府井あたりで収拾した中国工芸品もサトウコレクションにあった。写楽等の浮世絵は人気になる前に安価で買い集め大量に保持していた。英国で最も日本学が進んでおり、栄太郎の母校だったケンブリッジ大学に寄贈や有償譲渡し、遺品には残さなかった。兼への送金と日本再訪の旅費にあてるために、換金したと思われる。サトウコレクションは膨大であり、少なくも一千万円以上の評価額になったと想像する。

アーネスト・サトウはその血筋を武田久吉につなげられた。兼にとっても大事な久吉を日英間の政治に関わる外交官にはしなかった。外交は時に真逆になって、友好国が敵対国になり戦争にもなる。情報外交官サトウにはそのことがよくわかっていた。英国人の父が晩年に愛おしみ、世界に誇る日光の大自然や樹木を世界に紹介する植物学博士として生き、兼を守ってくれるのが最良と考えていた。

母国に戻ったサトウに最後の日本再訪の望みは叶わず、一九二九年（昭和四年）八月デボン州で逝去した。享年八十六歳であった。

ウイリアム・ウィリスの日本生活も書いておきたい。江戸生活の始まりはサトウとルームシェアし、年齢もほぼ同じであり二人はすぐに親友になった。ウィリスは英国の優れた臨床医学をマスターした優秀な医師であったが、女性との交際も華やかであった。英国医学の伝統であるベッドサイドティーチングで病院勤務している時に早くも看護婦見習い中の娘を妊娠させ、一児の父となった。養育費を稼ぐため、高給が得られる極東日本の公使館付き医官を選び渡日する。

日本の生活が始まり風習に慣れてくると、古田千野と深い関係になり二人目の子が生まれた。ウィリスはこの古田千野も忘れることなく遺産相続リストに記していた。サトウは親友ウィリスの遺志を受けて、古田千野の近親者にその遺産を渡している（注⑦）。

ウィリスは面倒見が良く、責任感も強かったが、東京から逃げるように英国公使館を辞し、西郷隆盛を頼り鹿児島に移る。ここでも薩摩武士の娘を妊娠させ、三人目の養育費を稼がなくてはならなくなった。ウィリスは異国人として女性に警戒されないどころか仲良くなれる天賦の才があったが、自ら蒔いた種とはいえ、英国への送金も含めカネはいくらあっても足りない。ウィリスは報酬として、現在にして数千万円を希望した。それを支給されるために、鹿児島総合病院長兼鹿児島医学校（現在の国立鹿児島大学医学部）校長兼鹿児島県衛生部長の三役をすることになった。医者としての腕前もさることながら新しい医学知識の吸収にも熱心で、英国式の最新医学を鹿児島医学校で教え、国立鹿児島大学医学部に発展させる。キャンパスの一角にはウィリス先生を敬う医学部長と卒業生たちが顕彰碑を建て、その除幕式には当時のヒュー・コータッツィ（Arthur Henry Hugh Cortazzi）大使が鹿児島大学を訪れ、日英親善のスピーチをした。

都落ちしてきたウィリスを支えたのが薩摩武士の娘、江夏八重である。きっかけは西郷隆盛の紹介説と病になった八重を診察し一目ぼれしたとの説もある。八重は明治六年に長男アルバートを出産、幸せな家庭生活が鹿児島で始まり、八重の献身でウィリスの女性遍歴も納まった。

一八七四年、宮古島島民が台湾に漂着したとき人命救助どころか、五十四人も殺害されたことから、明治政府は賠償金を要求し、台湾に三千六百名を派兵した。このうち数百名の兵士がマラリアに感染し重体となり、日本に送還されてきたが、これを救命したのもウィリスであった。明治政府はウィリスの貢献を高く評価し、一度は東大医学校の教授職に任命した。

しかし、一八七八年（明治十年）になると後述する西南戦争が勃発した。明治政府の最大の危機とみた西郷は、東京に反政府の武士が集まり首都が内乱にならないよう、東京を去る。

ウィリスにとって頼みの綱の西郷隆盛は大敗し自刃、ウィリスは強力な後援者を失った。戦争で荒廃した鹿児島の復興には巨額の予算が必要であり、ウィリスの高給は払えない。日本で稼げなくなったウィリスは、一八八一年（明治十三年）八歳になったアルバートを連れて帰国、残された八重は三十三歳だった。ロンドンや郷里のアイルランドにも高給が得られる医師の仕事はなく、アルバートを郷里の長兄宅に預け、親友サトウ公使の異動先のシャム公使館に向かった。

アルバートはウィリスの長兄宅で育つが、瞼の母、八重を忘れたことは一度もなかった。成長すると、ロンドンの大英博物館やウエストミンスター寺院等に見物に来ていた日本人旅行者に母の居所探しを懇願したのである。アルバートの母思いに感動した日本人は、まず東京で探したが手掛かりをつかめず、八重の本籍地で戸籍原本がある鹿児島市長に手紙を書いた。市長は手紙を読み、アルバートの心を思い涙をこらえて、職権で戸籍調査し、東京にいることがわかった。そこで東京市長に手紙を添えて、八重の居所探しを要請したという。

八重は、ウィリスが去ったあと、東京に移住した姉夫婦を頼った。置き去りか、そうではなく八重が自らの意志で英国行きを断念したのか、本当のことはわからない。しかし東京で生きていくために再婚を繰り返すが、苦しい生活になったようである。見かねた姉がサトウに八重の窮状を話したのだろう。サトウも、亡き親友の妻の窮状を聞き、何がしかのポケットマネーを渡すと共に、ウィリスから預かっていた遺産も渡してやった。

ウィリスは亜熱帯のシャムで体調を崩し、アイルランドに帰国、郷里でアルバートに見守られ、波瀾万丈五十八歳の生涯を閉じていた。

八重が再婚した男達はウィリスが八重に残したカネ目当てだったかも知れない。八重のカネが尽きると、夫の態度は変わったであろう。

しかし天は、八重とアルバートを見捨てなかった。八重が見つかったのである。八重発見の連絡に

アルバート・ウィリス　wikipedia より

アルバートは喜びを抑えきれず、直ちに日本に向かった。横浜港に迎えにきた八重が一目でわかり、涙の抱擁をした。苦労のし通しだった母を救うのだとアルバートは日本に帰化、日本名を宇利有平として英語教師になり、母を引き取る。宇利有平は高校から大学の教員に昇格し、日本女性と結婚、娘が生まれた。その娘の子は、理系の曾祖父のＤＮＡを引き継ぎ、最近まで北陸地方にある国立高専教授として立派な学績を残された。ここにウィリスはその優れた血筋を日本に残したのである。

英国人の他、日本人妻と暮らしたのは、仏国公使ロッシュである。幕府の洋式製鉄所と造船所、さらに絹糸工業化にも多大な貢献したロッシュはリュウマチに悩まされる。その肉体の痛みと、日本への思い入れと本国からの相反する訓令に葛藤していたロッシュを慰め、元気つけたのは日本人妻お富である。日本人女性の美徳である献身ぶりが四年も続いたからこそ、お富と日本を愛したのであろう（注⑧）。しかしロッシュは、本国の対日中立外交の訓令に従わず、幕府と慶喜に肩入れしすぎたとして、一八六八年六月（慶応四年五月）仏国ムスティエ外相より公使を解任され、本国に召還された。ロッシュは慶喜と幕府を支援しすぎて日本の主権者を見誤っているのではないかと、外相は疑っていた。その疑惑を深めたのは、薩摩藩がパリの万国博覧会に薩摩切子他美麗な工芸品を、日本を代表する幕府の展示ブースとは別のブースに、薩摩国として出品したことによる（注⑨）。欧州各国の政財界の参加者に、日本はプロイセンのような連合国家で徳川幕府はその一つと誤解させ、薩摩支援を取り付けようとしたのである。

仏外相や政府高官はこれまでのロッシュの報告とは異なり、日本には幕府の支配が及ばぬ独立国があり、その薩摩国は美麗な工芸品を造り、パリに出品できる力を持っている。そうであれば、仏国は幕府一辺倒ではなく、薩摩を含めて対等な外交をすべきであろう。またロッシュは外務省を飛び越えてナポレオン皇帝に直接交渉したことも越権行為と判断されていた。これは、ロッシュのこれまでの努力を水泡に帰すものにさせ、ロッシュは失意のうちに本国召喚、外交官として次の任地はなかった。

ロッシュ離日を聞きつけた慶喜は、格別の餞別品を急送した。二人の盟友はそれぞれの国の代表から降ろされた。日本を近代国家に作り直すことに尽くしたが、夢かなわず舞台から去らざるをえなかったことは、二人に共通する運命だったかも知れない。

外交官ではなかったがサトウやパークスと頻繁に会って、討幕戦の情報を提供していたのはトーマス・グラバー（Thomas Blake Glover）である。グラバーは人が良かった。担保をとらず掛け売りを続けたことから、キャッシュフローに行き詰まり、既述した戊辰戦争で大量に買い込んだ武器弾薬在庫は終戦とともに買手がない巨額の不良資産となり、明治二年グラバー商会（Glover &Co）は英国長崎領事館に破産公告された。

しかしグラバーは不屈であった。農業国家が近代国家に発展するのを見越して資金繰りをつけ、武器商人から平和産業経営に転換し石炭採掘事業に乗り出す。近代国家を発展させるためにエネルギーとなる良質の石炭採掘と供給なくしては、製鉄所も工場も汽車も艦船も動かない。高島炭鉱の開発は国家の必須動力源になった。

その経営が順調になると、日本人ツルと結婚、息子の倉場富三郎と幸せな家庭を築いた。グラバーは艦船整備に多大の貢献をしたと、日本海軍の総帥東郷平八郎から感謝され、パーティ等に招かれ平八郎との記念写真も残している。

スコットランドから渡海した二十歳の青年は享楽の都市上海を捨て、緑あふれる長崎に移住し五十三年間も日本に住み続け幕末明治に貢献してくれたグラバーは明治四十四年東京麻布の自宅で死去する。ついに父母の眠るスコットランドには帰らず七十三歳の生涯を閉じたが、一般外国人として最高の勲二等旭日重光章を授与されている（注⑩）。叙勲理由は、武器や艦船有償供与による新政府樹立支援に始まり、森有礼・寺島宗則・井上馨・伊藤博文等々政府要人のロンドン留学を支援し、高島炭鉱開発、麒麟麦酒操業、遠洋漁業など多くの産業を育成したことによる。息子の姓、倉場の創設はグラバーに由来している。

しかし息子の富三郎氏に悲劇が襲った。軍事産業と関わりが深まるにつれ、外国人全てをスパイ又はその協力者とみなす憲兵隊から、英国に情報を流すスパイ容疑者として付きまとわれ（注⑪）、ノイローゼになり、妻ワカにも先立たれ、終戦直後ついに自殺する。母ツルは外国人との結婚は戦争となれば悲劇をもたらすことにどれほど悲しんだことであろうか。

もう一人の日本人妻も日本の国際的認知度を高めた功績を書いておきたい。クーデンホーフ光子（Mitsuko Coudenhove-Kalergi.）である。オーストリア代理公使として四年ほど日本に駐在していた、オーストリア・ハンガリー帝国ハインリッヒ・クーデンホーフ伯爵は公使公邸に働いていた青山光子に一目惚れし、求婚した。サトウ公使は、クーデンホーフ夫妻と何度か会食し友好を温めている。光子は長男のハンス光太郎、次男のリヒャルト栄次郎の二人を東京で出産した。

クーデンホーフ公使は夫人を伴い帰国挨拶に皇居を訪れた。美子皇后は光子夫人に、「オーストリア貴族になるが、日本人女性の誇りを忘れないように。ウイーンは音楽の都であるから、琴を演奏できたらよいが。いずれ、日本の女性達もオーストリアで音楽や芸術を学ぶようになろう。日本女性ここにあり、と素晴らしさをハプスブルク家の面々にお見せするよう」

直々のお言葉で光子を激励し、日本の最高レベルの美術品をオーストリア貴族たちに閲覧してもらうように餞別として持たせた。美子皇后は気配りを欠かさない方で、駐オーストリア公使は勿論周辺国の公使達にも光子が訪れた時は、必ず支援し欧州各国の日本公使館・領事館が光子を見守っていると元気つけるよう特命されたといわれている。クーデンホーフ夫妻はオーストリア・ハンガリーに未知の日本を初めて紹介し、日本と日本女性の国際的地位向上に貢献している。

後年、リヒャルト栄次郎はEUの先駆けのような汎ヨーロッパ思想（Pan Europeanism）を広める。欧州の三大民族である、ラテン・スラブ・ゲルマン民族の国家群は相互の争いをやめ、欧州は一つになるべきと主張した。しかし、これはオーストリアを併合したナチスドイツのアーリア民族選別政策に合わない危険思想家とみなされ逮捕される。美子皇太后の訓令もあってクーデンホーフの親子を気に掛けていた駐ベルリン大使館から急報を受けた日本政府はドイツ政府と交渉、ナチスの拷問・自白を強いられる前に栄次郎を救出した。

外国人外交官と結婚はしなかったが、近代日本の国際化を担うべく、いたいけな五人の少女達も官費留学生として大変な決意をしてアメリカに留学した。山川捨松は十一歳、永井繁子は九歳、津田梅子は六歳だった。

あと二人は十五歳以上で、年少の妹たちを元気づける姉の役目もあったが、十五歳になるともはや日本を忘れられず、ホームシックからノイローゼが酷くなり中途帰国してしまう。山川・永井・津田は苦節十年異国の勉学に励んだ。

皇居では皇后が帰国した三人娘を待っておられた。日本の国際化と地位向上を担うのは、男性だけではない、女性が活躍してこそ、日本はアジアにあっても、中国やイスラム諸国と違い、欧米同様女性を大事にする民主国家とみなされる。

日本初の帰国子女たちは国際赤十字や、英語教育に秀でた津田塾大学を創設した。外交官夫人達の中でも津田塾大学卒業生は品格ある英語使いで外交官夫人にふさわしいと、昭和の末に至っても賞賛され続けた。

版籍奉還と廃藩置県

一八七一年（明治四年）、明治政府は全ての藩主を東京に住まわせ、それぞれの国許との切り離しを始めた。版籍奉還と呼ばれる。藩とは土地であり、籍とは人民を意味しているがこれらを天皇に奉還すると宣言した。版籍奉還は、天皇を中心とする中央集権国家を目指し、明治政府の統治は劇的に強化された。藩主の抵抗も懸念されたが、薩長土肥が他藩に先手をとり実行し、同時に激変緩和措置も講じられた。それは藩主達の県知事任命と受爵である。石高と討幕貢献度に応じて公・侯・伯・子・男爵の五階級の爵位と相当の報酬を与えた。カネと名誉があれば反乱する藩主はいなかった。討幕の最大の功労者薩摩藩と長州藩主が最高位の公爵に叙せられたのは当然として、家臣の伊藤博文や山縣有朋まで公爵を授爵していた。

ところが、長州藩の支藩、長府藩主は一番下の男爵である。藩主なのに家臣より劣位にされたのには訳があった。

遡って禁門の変の公家にして過激派リーダーであり、長州藩内に反幕過激派組織天誅組を立ち上げた、中山忠光の暗殺事件である。朝廷も幕府も長州征伐に乗り出すと、長州藩は幕府恭順になった。そうなると中山忠光は邪魔者になり幕府に引き渡したい。忠光は幕府に引き渡されることを断固拒否した。長州本藩は忠光を長府支藩に移し、暗殺したのち病死として朝廷と幕府に報告した。

明治天皇（当時は祐宮さちのみや）は生母中山慶子の実家で育てられていた。その祐宮の遊び相手になり可愛がってくれたのが、慶子の弟の中山忠光である。祐宮は明治天皇になられても忠光を忘れてはいなかった。その忠光が病死ではなく、長府藩で殺されていたとは。天皇は長府藩主の叙爵に難色を示したのも無理はない。それでも藩主には責任なしと度重なる請願をされ、一番下の男爵で折り合いをつけた（注⑫）。

特産品や資源のない多くの藩は豪商から高利でカネを借りており、士農工商階級制度のトップがボトムの商人から借金の催促に追われている情けない状況では、さっさと藩主を辞め、県知事になって知事給与を支給され爵位を授かる方が利巧だと、自ら版籍奉還した貧乏藩主が多かった。欧米諸国の外交官達は大きなReform（改革）が諸侯の反乱なく達成されたと本国に報告する。

しかし有り余っていた武士たちに、語学や会計ができて役人になれるものは僅かであった。剣術ができても警察官は東京府だけ、陸海軍将校は薩長に独占され、他藩の上級武士は下っ端兵士にされ、薩長の成り上がりに威張り散らされては反乱しないほうが不思議であり、事実武士の反乱は各地で起きた。その終焉が西南戦争であるが、武士の時代が終わる重大事件なので改めて後述する。

明治政府内務省から送り込んだ行政官が、各地方の実情を把握し、内務省が全国統制する仕組みにしたのは大久保利通である。明治政府がそれまでの藩を廃止し、地方統治まで中央政府が管轄することは、戦国時代以前の天皇制律令国家に戻るという、近代制王政復古になる。

長州で反幕府勢力の総帥は木戸孝允であった。木戸は一八六八年一月大政奉還が宣言されると、部下の伊藤博文を介して密かにアーネスト・サトウに面談し、英国の貴族が領地を国王から保証される方法について尋ねていた（注⑬）。木戸は藩主懐柔策として、反乱軍になりうる武門の棟梁ではなく、英国のように兵力を持たない貴族にしてしまうことを考えていた。それが前述した爵位である。天皇が授け、貴族に取り込み、英国議会のように言論を以て国王を護る任務を与える施策は秀逸であった。日本も貴族院を設置し、従来の公家と藩主と軍人のトップを天皇のスタッフに取り込み、実業家や政府批判派が多い衆議院をチェックし民主化の歯止め役をさせるのである。

西南戦争鎮圧と武士の終焉

版籍奉還で優遇された藩主たちとは真逆に冷遇された旧武士階級の反乱が続発していた。一八七四年江藤新平を首領にした佐賀の乱に続き、七六年には熊本県で神風連の乱、福岡県では秋月の乱、更に山口県では萩の乱などであり、地域は西日本に限定されたのは、命を掛けて討幕した勝利者にその恩賞がないという武士の不満であったろう。反乱が続くたびに内政は停滞し、新政府は不安定になってしまう。

武士の時代は終わったことを全国の武士団に知らしめる役目は討幕軍の実質的総大将であった西郷隆盛以外にはいなかった。旧武士階級に新政府での立身出世は諦めるよう、宣告する厳しい仕置きは西郷隆盛が背負った。西郷は、明確に分からせるには、小さな反乱でくすぶっていることなく、大軍となって政府軍に最後の決戦を挑むしかないと悟った。

それが、一八七七年の西南戦争になる。西郷が見極めていたように勝敗を決したのは、兵士の数ではなく兵器の優劣と大久保が放った密偵、そして政府が整備した電報網であった。戊辰戦争が幕府の旧式ゲベール銃に薩長の新式ミニエーライフル銃が撃ち勝ったように、西郷軍の旧式エンフィールド銃（エンピール銃）に政府軍のスナイドル銃が撃ち勝った（注⑭）。戦争は常に強力な火器を有する者が勝つ。

西郷は鹿児島に帰り、かつて討幕戦に命をかけた藩士たちに武士の世は終わったと諭したが、納得しないどころか、逆に血気盛んな薩摩隼人に反乱軍の首魁に祭り上げられた。西郷が反乱軍の大将になれば、薩摩はもとより九州や長州などかつての討幕の生き残りが続々かけつけ大軍になって政府軍に勝利できると期待した。

その西郷に本当に反乱を起こすのか、情報外交官サトウが鹿児島に確かめにきた。表向きは親友ウィリス宅訪問である。そこに西郷がやってきた。サトウは、西郷が薩摩隼人の護衛者約二十名に囲まれてきたのを見て、不審に思ったが、直ぐに全てを察した。

西郷は護衛隊士にウィリス宅には入るな、外で待てと命じたが、隊士は全く従わず家の中に入り、西郷・サトウ・ウィリスを囲み、肝心な話は一切させなかった（注⑮）。サトウは西郷に握手どころか近寄ることもできず、目と目で最後の別れを交わすだけであった。

西郷の自刃で西南戦争が終わり、関東以西に不満分子はいなくなった。

サトウは全く情報がないブラックボックスの情報収集を考えていた。東北地方と函館以北の蝦夷地である。蝦夷地の先住民族アイヌは新政府に従うのか反抗するのか、反抗勢力となればロシアを引き込み英国にとって厄介な存在になりかねない。

日本の大きな面積を占め、かつてはカトリックの布教を許し、ガレオン船を建造、慶長遣欧使節団を派遣し、戊辰戦争では本州最後の会津戦や奥羽列藩同盟までして政府に抵抗した東北地方は今どうなっているのか調査しておくべきとパークスに話したことは想像に難くない。

西南戦争の翌一八七八年、格好の人物が英国公使館を訪問した。英国の女性探検家イザベラ・バード(Isabella Lucy Bird)である。イザベラはその時四十七歳の未婚女性であったが胆力あり、白人社会とは異なるアジア社会に関心を持ち、観察眼も鋭いことは調査員に適任とサトウは評価した。早速信頼できる通訳兼ボディガードを採用するため、紹介状があって身元の信用ある者数名を公使館に呼びイザベラと面接した。英語力は勿論のこと三カ月余りの道なき道を踏破し荷物運びや護衛もできる気力と体力も必須になる。採用されたのは十八歳の伊藤鶴吉である。

蝦夷の玄関となる函館には、学校建設に寄付するなど日本人社会から人望あったユースデン(Richard Eusden)函館領事にイザベラを特別に支援するよう要請した。サトウは餞別金と相応の調査費も渡したであろう。イザベラと伊藤の乗馬二頭に加え、野宿も覚悟して簡易ベット、寝袋、ゴム製浴槽、椅子、雨具、食料等を運ぶ駄馬、さらに日光までは人力車夫三名を伴う大掛かりなもので、通訳相場の三倍もの日当、三カ月間の食費に宿泊費、さらに医薬品など資産のない牧師の娘が用意できる金額ではなかった。

サトウは、イザベラが中年女性であることから身の危険は少ないと思い、他方女性探検家の利点を考えた。笑みを浮かべて様々尋ねても女性の好奇心と思われ、男性外交官と違い警戒されない。現地の役人たちにはイザベラが書いた英文の米国カナダ旅行記をサイン付きで贈呈すれば、大いに喜び世話もしてくれよう。サトウは資金援助の替わりに、イザベラが行きたかった京都や奈良など観光地は後回しにして、東北地方や蝦夷地の情報取りすることの了解を得た。

英国にはブリテンの北部にあるスコットランドを平定し独立させないように苦心してきた歴史がある。日本の蝦夷地のような島国アイルランドには併合してからも反抗され、内戦もあった。日本の北に反中央政府になりうる潜在的な勢力のようなものがあるか確かめたかった。もしあれば、英国の対処案の検討が必要になる。特に蝦夷地はアイヌの先住地であり、歴史的にも文化的にも大和民族ではないことをサトウは知っていた。

イザベラ・バード　wikipedia より

英国パークス公使が保証人となり、探索ルートに制約ないイザベラの日本国内特別旅券が発行された（注⑯）が、内務省は東北や蝦夷地に科学的調査・研究を名目にしてスパイもするかと疑ったのであろう。イザペラは、新潟から青森まで探索した全ての都市名と距離・戸数・人数を記録している。これが住人から警察に報告されたのか、何回も警察から旅券をチェックされている（注⑰）。

イザベラは蝦夷地でも国勢調査をするかのように日本人集落とアイヌ人集落の戸数や住人数を詳細に記録し、病気に苦しむアイヌの女性や子供に英国の薬を与え治療することでアイヌ部落に入り込んだ。アイヌの酋長はこの恩に報いる為、イザベラに二週間ほど酋長の家に住むことを許した。イザベラは伊藤を使って、アイヌの酋長たちに日本政府をどう考えているかヒアリングしている（注⑱）。それは、旅券の申請にあった科学的研究調査や植物調査ではなかった。

アイヌの男性は野山で仕事の後に湖で体を洗えるが、女性はその習慣がなかった。イザベラが東京から運んできたゴム製の浴槽が役立った。アイヌの酋長の家にも風呂はなかったから東京から持ち込んだゴム製浴槽がなければ、アイヌの家に二週間どころか二日も泊まれなかったであろう。用意周到な女性であり、アイヌの労働も良く観察している。熊や犬などの毛皮から上着、頭巾、防寒靴等を苦労して作っているが、酋長たちは多くの酒と交換してしまう。これではアイヌは貧しい生活から抜け出せないと、牧師の娘らしく酋長や酋長夫人たちの飲酒生活の批判もしている。

「日本奥地紀行（Unbeaten Tracks in Japan）」にあるが、政府（開拓使庁）は被征服民族のアイヌを束縛から解放し、人道的に正当に扱っていることは、米国政府のインディアン取り扱いよりもはるかに優る（注⑱）、と公平且つ高く評価したことは、欧米社会にあった日本は野蛮なサムライ国家という偏見を払拭してくれた。

先住民であるインディアンを数万人も殺し、居留地に無理やり押し込めた米国政府のような酷い弾圧を明治政府開拓吏はしていなかったことを明記してくれたのは、イザベラの日本に対する好意であり、その後も四回ほど渡日し各地に旅行している。

東北や蝦夷地の農民は、特に山村では身なりや食生活はとても貧しいが、それに少しも屈せず道徳心のレベルは高く、休みなく共同して田畑の雑草をとり、美しい景観を保っている。イザベラが農民達に近づいてゆくと、イザベラに穏やかに接し、丁寧にもてなそうとした。東北地方や蝦夷地の雄大な大自然には野生馬が群れを成しており、とても安く買えると紀行に書いたことは、野生馬の乗馬に自信があり冒険好きな欧米の青年男女を魅了し、日本への旅行を刺激した。

これが大政奉還して十年後の東北地方の農村風景である。幕末と殆ど変化はなかったかのように見える。

イザベラの東北・蝦夷地旅行は三カ月余りで終了し、それから三カ月を英国公使館で過ごしている。「日本奥地紀行」を執筆の傍ら、そこには書かなかったことや、アイヌは反抗勢力にならないし東北にも不満分子はいない、明治新政府は安定しているなどをパークスとサトウに詳しく報告し、立ち入った質問にも答えていた。

大日本帝国憲法公布と立憲君主国家を宣言

一八八九年（明治二十二年）二月、東アジアで最初の近代憲法となる大日本国憲法が公布され、世界に日本は立憲君主国家であることを宣言した。東アジアと限定したのは、オスマントルコも近代化を進め、日本より十年ほど早く憲法となる基本法を公布していた。しかし日本はこのイスラム国家との国際交流は後回しにした。日本は脱アジア入欧を急務としたことは周知のとおりである。

日本は開国により、国家対国家の外交・貿易・技術・国際通信や物流等に関わる関係が深まり、国家の諸法令を整備する必要に迫られた。それらは憲法に基づくことが必須になる。政府は憲法素案を纏める為、伊藤博文を独国（プロイセン）に派遣した。英国や仏国の憲法では、議会とそこに選出される議員は実業家の諸権利を認め、国家を傾けかねないと危惧した。強国となるにはフランスに圧勝したプロイセン方式が軍隊の動員に制約がなくて良い、と考えた。しかし、日本を傾けていくのは自由主義者の議員ではなく、軍の統帥権を天皇に代わって振りかざす日本陸軍になる。

プロイセンは普仏戦争（Deutsch - Französischer Krieg）に大勝し南部ドイツも引き入れドイツ帝国を樹立した。産業革命と国家統一に遅れた小国プロイセンを軍事力で大国に仕上げたのはビスマルクであった。ドイツ統一戦争を始めに普墺戦争に勝ち、普仏戦争と勝ち続けたビスマルクは、独軍参謀長からドイツ皇帝側近に抜擢された。

皇帝が宣戦布告や外交権等の強権を有するという、一八七一年公布のドイツ帝国憲法を、博文とそのスタッフは、連邦国家に関わる条項を省き、軍事以外の予算決定権、議会解散権、法案拒否権等を天皇大権として議会の干渉を防いだ欽定憲法にした。しかし、最も危険な条文に第十一条の統帥権があった。それは、「天皇ハ陸海軍ヲ統帥ス」というさりげない条文で、議会や内閣がシビリアンコントロール、例えば天皇が宣戦布告した時は直ちに議会の承認を得る、得られなければ撤兵する等の君主に対する牽制権がないのである。

マグナカルタ（Magna Carta はラテン語で意味がわかりにくいので、わかりやすい英語では、Great Charter of the Liberties、自由の大憲章である。市民革命を戦ってきた英仏の国民にはシビリアンコントロール（文民統制）の重要性が分かっていた（注⑲）が、士農工商の階級社会で、幕府や諸藩のご政道にものを申さないことに馴らされてきた民衆には、その重要性がわからなかった。文民統制の規定が無いということは、その必要を認めないという無言の強制であることに気が付かなかった。

この議員や内閣などの文民には統制をさせないという帝国憲法と、大陸進出の拠点となる韓国併合は、日本を大きく狂わせていくが、それは後述する。

日清戦争と下関条約

一八九四年（明治二十七年）八月一日、日本は清国に宣戦布告した。戦争の原因は、重税に苦しむ朝鮮民衆が李氏朝鮮王朝に反乱を起こしたことに対し、李氏朝鮮は自力で鎮圧できず、清国に派兵を要請したことに起因する。朝鮮は、後述する閔妃暗殺事件のロシア軍事介入もそうであるが、農民の暴動に過ぎないのに自ら解決できず、清国軍隊に頼り、外国軍に居座られることを繰り返してきた。

清国軍は農民暴動を鎮圧すると、釜山に目を付けた。対岸の対馬は目視でき、その先の北九州も射程距離に入る。元寇が再来するかのような不安が日本に広がった。日清戦争とは、対馬が占領される前に朝鮮半島から清国軍を撤兵させ、日本の安全地帯を設定する戦争と位置付けられよう。

清国は一八八〇年頃から急速に海軍の強化に乗り出し、日本に大きな脅威を与えてきた。英国アームストロング砲を凌駕する、ドイツ製三一センチクルップ砲を搭載したアジア最大の七四〇〇トン級巨大戦艦鎮遠・定遠がドイツを出航し、旅順と威海衛に配備された。対する日本の戦艦扶桑と浪速は三七〇〇トンで二四センチ砲搭載と、清国戦艦のハーフサイズに留まる。日本は巨大戦艦が欲しくても購入できるだけの資金がなかった。

鎮遠・定遠はさらに同形艦二隻の戦艦を従えて日本に威力誇示するため、修理を口実に一八八六年

（明治十九年）八月、長崎港に進入してきた。緊急修理が目的と取り繕っても、荒くれ水兵たちを上陸させると騒動を起こすことが目に見えていた。入港はやむなく許可したが、水兵の上陸は許可しなかった。

しかし清国水兵団は欧米には完敗しても、日本などはいずれ属国にするぞと、体力も気力も盛んな五百名もの半グレ水兵が長崎市に勝手に上陸し女性を追い掛け回し、丸山遊郭に入ろうとした。遊郭の主人たちから入場を拒否されると、懸念されたとおり日本人と大喧嘩になり、双方数名の死者をだした。

清国はアジア最大の戦艦鎮遠・定遠を配備できたことで増長し、伝統的な中国ファーストという中華思想を復活させたのである。清国はアヘン戦争から立ち直り、アジアの大国になり、軍事国家として日本の仮想敵になると明治政府首脳はみていた。いずれ戦争が避けられないなら、清国海軍がさらに強化される前に戦えば、日本は何とか勝てる。後年米国海軍に真珠湾奇襲攻撃を仕掛けて勝ったのも同じ考えである。清国を朝鮮駐留から撤兵させ、朝鮮を安全な中立地帯にすることが、日本の防衛戦略になった。

日本陸軍は台湾を占領し、日本海軍は黄海海戦で鎮遠・定遠を大破させた後、鎮遠を捕獲し日本海軍に編入、定遠は威海衛で撃沈、清国海軍は戦力を失った。黄海方面から清国海軍の脅威は除去されると朝鮮経由で北京近郊まで兵を進め、北京の宮殿を遠望できる丘の上に野戦陣地を築き、清朝皇帝に講和条約を促した。

完全な勝利となった日本は清国との講和会議を下関で開催する。講和条約が成立するまで日本陸軍は台湾の占領を続け、海軍は中国大陸の橋頭保となる旅順港と威海衛を攻略し、渤海の制海権も掌握した。これにより日本軍は中国本土へ自由に援軍を派遣することを可能にした。

日本は、戦争を終結させる条件として、当時の世界的常識であった賠償金を要求し、支払い完了まで威海衛を保証占領する。保障占領とは、敗者が賠償金を払うまで撤兵せず占領し続けることを意味する。

一八九五年四月下関で日清戦争講和条約が調印された。その要点は、

第一条　清国は朝鮮国が独立自主の国であることを確認する。

第二条及び第三条　清国は遼東半島、台湾、澎湖諸島など付属諸島嶼の主権を日本に割与する。

第四条　清国は賠償金二億テールを日本に支払う。

第五条、第六条、第七条は略

第八条　清国は日本軍による山東省威海衛の一時占領を認める。賠償金の支払いに不備あれば日本軍は引き揚げない。

第九条　略

第十条　条約批准の日から戦闘を停止する。

第十一条　条約は大日本国天皇陛下及び大清国皇帝陛下が批准し、批准書は山東省芝罘で明治二八年五月八日、即ち光緒二一年四月一四日に交換される。

しかし、清国の朝鮮支配を止めさせ朝鮮を独立国にすると、ロシアが乗り出し朝鮮に外交関係を強要した。清国問題をやっと解決すると、次はロシアが日本の脅威になる。弱い国とみると属国にする弱肉強食の時代であった。

日清講和条約を全権代表として調印した伊藤博文は、四か月後に懐かしきアーネスト・サトウが駐日全権公使として着任するとの吉報を得た。博文がサトウと初めて会ったのは一八六四年七月であったから、三十一年に及ぶ旧友になる。博文は日本外交に英国から強力な支援を得る。ロシアの対日戦略をサトウに分析してもらい、ロシア対策を相談するのである。

日清戦争の講和条件である賠償金をめぐって清国はロシアに助けを求めなかった。アヘン戦争でそれをやってロシアに介入され、広大な沿海州を奪われたことを繰り返したくなかった。ロシアは弱みに付け込み、領土を北欧・東欧そしてアジアで拡大してきた国であることを清国は骨身に染みて知っていた。弱みがないように軍備を強化しなければ、対等の外交ができない時代であった。

威海衛は南シナ海を睨む戦略拠点であり、ロシアは清国に早く賠償金を払わせ、日本軍を追い出し海軍基地にしたかった。黄海の制海権をとりたいのは英国も同様であり、日本の賠償金請求に反対しなかった。日本は威海衛から撤退のあと、英国とロシアのどちらが進出してくるのが日本に得策か考えると当然英国になる。英国が威海衛に軍港を築けば、英海軍と日本海軍は対ロシア共同作戦が容易になる。

他方ロシアの軍港になると、九州に匕首をかざされるような脅威にさらされる。ここにサトウと伊藤博文は両国に共通の利益を見た。

日本の威海衛撤退が決まると英国に直ちに通告し、日本海軍が使用している港湾設備の譲渡や敵水雷艇の侵入防止水路等も教えた。この重要情報は英国外務省から英国海軍極東艦隊に伝えられ、威海衛を英国海軍拠点にできたことはサトウの大きな手柄になった。

サトウと日露戦争前夜の日本政府

一八九五年（明治二十八年）サトウが特命全権公使として日本に戻ってきた。八月九日は明治天皇皇后両陛下の謁見を受ける日である。この年には日清戦争がほぼ日本要求案で終戦にした。しかし、日本が強国になってゆくことに、清に利権がある仏・露は日本に警戒を強めていると、在外日本公館から報告された。反日政策をとられないよう、欧州で頼りにできるのは英国として、政府は親日派のサトウの公使着任は大歓迎であった。サトウも、日清戦争に勝ち台湾を植民地にした上に清国から巨額の賠償金を得た日本が、英国の国益に合うかを見極めることの特命を受けていた。

日本政府は勿論、皇室もサトウの取り込みに熱心であった。サトウは皇室が用意した専用馬車で、皇居に入った。明治天皇との拝謁は幕末に始まり、これが三度目になる。四十一歳になられた皇帝に再会する懐かしさを覚えた。明治天皇もサトウのことは良く覚えておられ、信任状提出とその承認という公式儀礼が終わると早速、

「閣下は我が国で多年にわたり外交官をされてきて、我が国の状況を熟知されておられる。閣下の着任によって日英両国の友情と親善がより深まることを望みます」と述べられた（注⑳）と、サトウは英文日記に書いている。陛下のなまのお言葉を式武官が英訳しているから、言葉つかいなど微妙に違うのは避けられない。妻の兼と日本語で生活し、格式ある候文まで読み書きできるサトウには、陛下のお言葉をナマの日本語で残せたが、サトウ日記は主に欧米人に読まれると考え、日本語は残していない。

しかし明治天皇は内心サトウが苦手のようであった。天皇の声は小さく、サトウには良く聞き取れないところがあったが、侍従が天皇のお言葉を明瞭に伝えてくれたとサトウは日記に書いている。

天皇がサトウを苦手にしたのは何故か。筆者が想像するのは、サトウは天皇が十四歳の頃から見てきており、父の孝明天皇は毒殺されたとの噂もサトウは知っていた。明治天皇はサトウが他にもなにか幕末の秘密を知っているのではないかと危惧されたのではないだろうか。

他方、明治天皇とともにサトウを謁見した美子皇后（後の昭憲皇太后）はそのようなしがらみはなかった。皇室女性の洋装化を奨励し、女官たちにも宮中伝統行事以外は洋装に切り替えさせた。更に政府の欧化政策に沿って女性の地位向上や、女性が産業の主役になる製糸業等の産業奨励のため富岡製糸工場に行慶や日本赤十字他福祉事業まで広く垂範されるなど、これまでの皇后にはなかった行動派でおられた。ちなみにこれからの女性に洋服が良いとされた理由は、着物のように上下を分割しない服は女性の活動を妨げるとのお考えからと伝わっている。

皇后は欧州諸国の女王の役割にも関心を持たれ、サトウ公使の謁見ではサトウに異例となる手を差し伸べて、親しく話されたことから、サトウを大変感動させた。美子皇后もサトウは英国紳士と大そう気に入り、皇室の園遊会などに何度も招いた。皇后は、外交官夫人顔負けの国際親善を実践された。

サトウは着任以来、日本を十二年離れていたことから情報の遅れを取り戻すかのように、政界・財界更には旧幕府の要人、加えて欧州外交官やその夫人とも精力的に茶会をしてゆく。情報分析官の本領発揮である。「アーネスト・サトウ公使日記」には日本人・外国人合計で千人以上も登場している。その中で毎週のように面談しているのは伊藤博文、そして朝比奈閑水。朝比奈には毎月のように百円を渡し、時には文書代として五十円を追加している（注㉑）。当時の百円は現在の約五十万円に相当するが、それを逐一記録しているということは、公使館調査費のような公金支出であったろう。朝比奈は、サトウから情報提供を依頼される一人と推定するのは不自然ではない。朝比奈のサトウへの報告とは、政局の見通し、人事情報、外務省等の未公開情報と日記に書かれている。朝比奈は元外国奉行で外交官達の世話もして、サトウと古くからつきあい、内外に人脈もあった。

他方、サトウが着任したと知って、英国公使館に押しかけ組の一人が勝海舟だった。既に耳が遠くなっているにも関わらず、まだオレは現役だと、幕末の昔話や自慢話を滔々と続けたと伝わっている。

サトウ着任から二か月後、京城の宮殿内で衝撃的な事件が発生した。閔妃皇后暗殺である。閔妃の夫で朝鮮皇帝の高宗は政治と妃には関心がなく、専ら多数の宮女と妓生と高麗人参酒に溺れる放蕩三昧をしており、内政は乱れていた。高宗の父の興宣大院君は日本寄り、閔妃は宮廷権力を握り興宣大院君の暗殺計画まで謀り、逆に興宣大院君から暗殺を企てられる。朝鮮宮廷内にすさまじい権力闘争があった。

日清戦争に破れ、朝鮮から去った清国に替わってロシアが閔妃に積極的に接近し、朝鮮に親ロ政権樹立の兆しがあり、日本の国防が脅かされてきた。京城に駐留していた日本陸軍は、閔妃を嫌う高宗の父の大院君の意向を忖度し、大陸浪人や朝鮮人のごろつきを雇い宮殿に乱入し、閔妃の隠れる密室を探し出し、閔妃を刺殺したとされている。

しかし朝鮮国の宮殿の門は清国の天安門のように頑丈に造られ見張り櫓もある。外から梯子を掛けて侵入できるような無防備なものではない。日本の軍人が表敬訪問するだけでも警戒されていた。警備兵による見廻り時間と閔妃の居室、それに緊急避難する隠れ部屋等を熟知していて、さらに通用門開門許可に宮殿内部の相当の高官が幇助しなくては、侵入できなかった。

暗殺の真相はなお不明である。しかし余りの暴挙に国際世論は反日に傾きつつあるとき、伊藤博文は政府をして事件の糾明と日本人が関与していた場合には厳正な処置をとると言明する。三権分立憲国家として、公正な裁判で事件を断罪しようとした。裁判では閔妃殺害の実行犯は朝鮮人の宮殿警備隊とその一味であって、日本陸軍が殺害実行犯と証明できず幇助犯にすぎないとされ、重罪にはされなかった。

サトウは、事件は朝鮮で発生したものであるから、情報収集と英国としての対応は英国朝鮮領事館になる。騒ぎにしないよう館員に説示し、国際世論を鎮静化させ日本政府を助けた。

他方当然のことながら、サトウは本国に秘密報告をする。日本が関係した閔妃暗殺は朝鮮国民をロシア寄りにさせ、ロシアも朝鮮介入をより深める絶好の機会にする。それを警戒する日本は朝鮮支配をめぐり、ロシアとの戦いは避けられなくなるのではないか、と。

大使或いは公使の大きな任務の一つは任地の有力政治家を能力から分類、評価をして本国に報告することにある。日露戦争が避けられなくなってきたとき、長老政治家の伊藤博文は対ロシア和平派、対するに外相経験者の青木周蔵は戦争肯定派で、互いに仲が悪いとサトウは記録にとどめていた（注㉒）。不仲になった原因は、青木がロシア公使に対してロシア皇帝殺人未遂犯の津田の死刑を確約しながら、判決は無期懲役にされた。ロシア公使が抗議に訪れると、これは伊藤博文と井上馨の策謀と虚偽を言ったと聞きつけた両名が青木に怒ったことが始まりとされているが、他にも原因があろう。

サトウ公使は、日露がいよいよ開戦となった時、勝敗を決める戦力分析もしていた。ロシアのペテルブルクにある、英国公使館付駐在武官のウォーターズ中佐がサトウを表敬訪問にやってきた。彼からロシア陸軍がウラジオストックや満州に送り込める兵力や輸送方法の情報を得たのである。公使館内で日露の戦力情報の交換が終わると、サトウはウォーターズ中佐と、同行してきたロシア陸軍の砲兵将校と三人で会食する。サトウは情報入手にきたロシア将校を日記に記録しており、英国公使館内でもロシアと英国の情報交換があった（注㉓）。

日英同盟と日露戦争

サトウは駐日全権公使として一九〇〇年になると、本国に日本の信頼度についても報告をする。そのサトウ報告が採用され、一九〇二年日英同盟が締結された。ロシアとの戦いにおいて英国は日本支援の外交を始める。欧州では、ポーランドがロシアに徹底的に抑圧され国土を奪われてきた歴史から、反ロシア意識は今でも根強く、ロシアに対抗する日本を目立たぬように支援し、ロシアの機密情報を提供してくれた。ポーランド駐在日本陸軍武官や英国からの情報提供により、ロシアは清国と秘密に軍事同盟を締結していたことを知らされた。

ロシアは情報宣伝でも対日攻撃を仕掛けてきた。ロシア皇帝と姻戚関係あるドイツ帝国皇帝ヴィルヘルム二世が広めた風刺画の黄禍論（〝Yellow Peril〟）に準拠して、欧州諸国民よ、黄色人種による神聖な欧州侵略に一緒に戦おうと白色人種同盟のようなものを呼びかけ、日本嫌悪を広めようとした。

カネがなくては戦争ができない。戦時国債募集責任者として渡英してきた高橋是清元蔵相はロンドン金融界で相手にされず窮地に立たされた。是清を助けたのが白色人種のドイツ人アレックス・ズィーボルトである。日本側のエージェントとして、欧州各国に広まりつつあった黄禍論などは迷信であり、理性ある欧州人は惑わされてはならないと親日派作りに努力し、戦時国債は反ロシアのユダヤ系銀行家により引き受けられた。アレックスはその大きな功績により一九一〇年、明治天皇から勲二等瑞宝章を授与された。

ロシアは日本が満州で野戦となれば、清国が日本軍の側面を攻撃し日本軍を崩壊させる密約を清国と締結しようとした。このあたりも昨日の敵は今日の友という、大陸国家の戦略がある。このロシア・清国秘密軍事同盟への対策は、日英同盟協約（Anglo-Japanese Alliance）により、日露戦争においてロシアに第三国（清国又は仏国を想定）が参戦した場合、英国は日本を支援するというものである。これが清国に側面攻撃をためらわせ、日本は兵力分割することなく、全戦力をロシアとの戦いに集中でき、勝利となった。

しかし英国外務省は、日本の政治家たちと広く交わって日本を深く知り、原文の公文書まで読みこなし、加工されない重要情報を入手できる外交官はサトウだけなのに、北京公使に異動させてしまった。

天皇・皇后始め日本側は、サトウを全面的に信頼していると英国外務省に伝えていたが、これが却ってサトウに禍したのである（注㉔）

赴任国の言葉に精通し、幅広い人脈をもつようになった外交官は、ダブルスパイと疑われることが少なくない。優秀な情報外交官の悲劇的な宿命とも言える。日本に残して初老となった愛妻を気遣い、英国から送った二百通を超えると言われるラブレターも様々な国家機密を漏洩しているのではないか、と疑う英国防諜機関もあった。

日英関係が重要になってくると、サトウほど使える外交官はいないと判り切ってはいたが、ついにソールズベリー外相は、日本には再赴任させなかった。英国は日本の実力を認め、英国の対ロシアや対中国の番犬に使う為に、日英同盟を締結したのである。その日本がロシアと軍事同盟し英国を裏切ることは絶対ないと外務省は考えなかった。欧州の常識である、昨日の友が今日の敵になれば非情に日本を切り捨てられなくては英国の国益に反することになる。親日老練外交官サトウは、むなしくロンドン郊外に引きこもる。

一九〇四年日露戦争が勃発、二〇三高地から旅順港に籠った旅順艦隊に当時の要塞砲として世界最大の二十八センチ大口径砲を打ちおろし、撃沈した。日本海軍は、旅順艦隊と合同するべく大遠征してきたバルチック艦隊も対馬沖で全滅させた。翌〇五年米国ルーズベルト大統領の仲介を得て、米国ポーツマスにて講和条約が成立、ロシアは日本の韓国に対する指導、保護および監督権を認めた。これにより、ロシアは朝鮮を属国にできなくなり朝鮮から撤兵したが、ロシアは日本にその権益を只で与えるほどお人好しではない。公にしない交換条件があった。ロシアがモンゴルを属国にすることに対し、日本は反対しない。モンゴルが日本に救援を求めても日本は拒否することにされた。朝鮮国とモンゴル国の分捕りになるが、これは当時の列強（Powers）間の常識でもあった。

韓国併合と太平洋戦争への道

朝鮮には、日本の指導や援助を受け朝鮮を近代化することに賛成する政治家も、大反対する組織もあった。

一九〇七年（明治四〇年）皇帝の高宗グループは密かにロシア外務省と相談し、日本の不当な朝鮮支配をハーグ国際平和会議に飛び込み演説して世界に発信を企てた、ハーグ密使事件である（注㉕）。日本は協約に違反する反日行為として大韓帝国皇帝高宗は退位、皇太子李坧に譲位させた。高宗のハーグ密使事件は日本政府を激怒させてしまった。日韓協約第二条にある、

韓国政府は今後日本国政府の仲介に由らすして国際的性質を有する何等の条約若は約束なさざるこ

とを約す、

これに違反したのである。日本は再び反日行為をさせないためには、韓国を併合する他ないとの結論に至った。韓国統監の伊藤博文は韓国併合までは考えておらず、外交権はないが大韓帝国の自治権は認めていた。皇帝高宗は国際世論を味方にするどころか、日本に併合されるという墓穴を掘ってしまった。

一九一〇年韓国併合に関する条約が日本と韓国の間で調印された。

第一条　韓国皇帝陛下は韓国全部に関する一切の統治権を完全且永久に日本国皇帝陛下に譲与す

第二条　日本国皇帝陛下は前条に掲けたる譲与を受諾し且全然韓国を日本帝国に併合することを承諾す

日本はこの条約に基づき、韓国に対して日本同様の三権分立に基づく法治政治により韓国近代化を始める。教育制度や医療制度を整備し、農業政策では米農家に近代的な農法を教え、それまでの年一千万石から二倍に増産、その多くを日本政府が買い上げ、貧困に喘いでいた農民の所得は倍増し豊かになった（注㉖）。しかるに朝鮮農民からの米の買い上げは日本の収奪だったと事実無根の主張をする。李氏朝鮮王朝に収奪されたから暴動を起こし清国陸軍とも戦った農民魂は、日本が収奪したらおとなしくしているわけがない。日本の米の買い上げに反対する農民の記録はない。

日本の韓国併合後の内政がどうなるか注意深く観察していたのが英国の政治・経済専門誌「エコノ

ミスト」（The Economist）である。同誌は一八四三年創刊以来今日まで続く一流紙であるが、朝鮮人民は日本に支配された方がよりましな生活ができると評価していた（注㉗）。

事実、併合されたあと軽工業が大きく伸び、続いて化学工業、金属工業、機械工業はさらに伸び朝鮮半島は繁栄し、人口は二倍近くに急増した（注㉘）。その国や地域が豊かにならなければ人口は増加しない。逆に生活できなくなれば、難民となって流失してゆく。

日本はこのあと一九二〇年に国際連盟発足とともに五大国の仲間入りをして常任理事国となり、国際的地位を高め満州進出の策源として朝鮮の地を活用する。

それが林銑十郎朝鮮軍司令官による、天皇の裁可を得ることなく独断で朝鮮軍に国境を越えて派兵、張学良軍十六万に対し、兵力わずか三万の日本の関東軍と共に戦い、満州事変の発端になった重大事件である。

陸軍刑法第三十五條は、

司令官外國ニ對シ故ナク戰闘ヲ開始シタルトキハ死刑ニ處ス

これに明白に違反したにも関わらず、林司令官は軍の裁判所になる軍法会議に送致されなかった。軍栄えて国滅ぶ前兆になった。

朝鮮軍の支援を得た関東軍は満州を支配、建国するが国際連盟は満州国を認めなかった。日本は国際連盟を脱退、英米と対立を深め、後戻りができないまま太平洋戦争に突き進むことになる。それは、地政学的にみれば韓国併合に始まり、国家体制からみれば、英米とは大きく異なり軍隊を文民統制させなかった大日本国憲法に起因したといえよう。

この書は欧州との交流の始まりはポルトガルの種子島来着として、西・英・蘭・仏・米との関係で幕末・明治を語ってきたが、ここで一旦区切りを付けたい。この後の日本現代史はどうなるか。その大きな特色は、天皇の存在になる。それについては、拙著「昭和天皇退位せず」で、この書の続編として上梓している。

◎終章　注釈

注①「アーネスト・サトウ　一外交官の見た明治維新（上）」アーネスト・サトウ著　P198

イギリス公使の信任状奉呈は二十二（訳注慶応四＝明治元年閏四月一日）に行われた。（中略）イギリス公使館の一行は、長官、アダムス新任二等書記官のミットフォードそれに私である。イギリス軍艦ロドニー号の海兵隊員百名と、同オーシャン号からそれと同数の海兵隊員が、また私たちの間でよくすわることのできる者が乗る駕籠十二挺、徒歩の公使館警備兵四名、それに二隊の日本兵が行列の前後を守った。一行は定刻の一時に、謁見の式を行う西本願寺（訳注　東本願寺）に到着した（中略）。私たちは、謁見の広間の一部を屏風で仕切っただけの控え室に案内された。（中略）そして、また数分たつと、すっかり用意ができたという知らせがあった。次席、第三席の高官が立ちあがり、私たちを先導して玉座の間に入った。それはかなりの大広間であった。（中略）一番奥まったところにある高座の上、黒い漆塗りの柱でささえられた天蓋の下に、簾をいっぱいに巻き上げて、天皇がすわっておられた。私たちは二列に並び、右の一列は提督を先頭にして海軍の士官が、左の一列は公使を先頭に公使館の職員が、相共に広間の中央へ進んだ。全員は三回頭を下げた。最初は部屋の中央まで進んだとき、次は壇の下で、三度目は壇の上に登ってからであった。（中略）天皇が起立されると、その目のあたりからお顔の上方まで隠れて見えなくなったが、しかし動かれるたびに私にはお顔がよく見えた。多分化粧しておられたのだろうが、色が白かった。（以下略）

注②「明治維新の意味」　北岡伸一著　P125
鉄道もまた、極めて重要な統治のためのインフラであった。幕末に外国を訪れたものは、みな鉄道の威力を知っていた。日本における最初の鉄道建設の試みは、幕末、アメリカ人によって持ち込まれた。それらはいずれも外国が鉄道を管理する方式で、幕府崩壊の直前、オランダ生まれのアメリカ公使館員アントン・ポートマンに対して、老中小笠原長行が許可を与えた。その直後に幕府は滅び、新政府が成立したため、ポートマンは新政府に対して契約の追認を求めた。しかし、政府はこれを拒否した。政府は自国管理方式で鉄道を建設しようとしていた。その方向で助言したのはイギリスのパークス公使だった。パークスは、日本が自力で鉄道建設ができる、そのための支援はイギリスがすると助言したのである。

注③「アーネスト・サトウと討幕の時代」孫崎　享著　P24
一九〇六年五月二十三日　お茶のあとで、もう一度富士見町へ行く。O・K（お兼）が大切に蔵っていた八十七円の古い金貨を持ち出して、二人の子供に等分に分け、栄太郎に渡してほしい（多分この時期栄太郎は英国に留学中）と半分を私に預けた。

注④「アーネスト・サトウ公使日記1コンパクト版」Eサトウ著　P123
四月五日（日）　チャーチャン（久吉）を馬車に乗せて上野公園に連れてゆく。

注⑤「同書　Ⅱ」　P399

五月二十八日　富士見町に朝早く別れを告げに行く。O・K（お兼）は幼女を養子にする考えを諦めて、久吉が一人で生計を樹てられるようになったら、直ぐに結婚をさせたいと思っていると言った。

注⑥「遠い崖―アーネスト・サトウ日記抄1」　萩原延壽著　P61

「扨て久吉の儀に付、委細御申越候趣致承知候。御心配に不及候。右は左の通に候。当人最初渡来の砌、五年間当地に修行の積に拙者と約束相成候。其終に至れば、日本に帰り、元の通り御まへさまの側に居候筈に御座候。最早三年過行き、僅かに二ケ年残候。扨て此度一寸御見舞として御地に出張致し、当秋九月に又一度英国へ来り、一ケ年ロンドンの学校に修行を遂げ、夫れから半年位ドイツやフランス国遊歴し、其後、即只今から二ケ年相過候はば、終に日本へ帰着致し、御まへさまと一緒に住居の筈に御座候。右の次第に候間、別て御心痛の訳は無之と存候。何時迄もロンドンに居事無御座候。」（一九一三年五月三十一日付）

注⑦「アーネスト・サトウ公使日記1コンパクト版」　Eサトウ著　P159

六月二十九日　横浜松影町三丁目九五番地の大塚鹿之助またはその妻のおかね気付で古田千野の消息を

尋ねることにする。前金として五十円を渡す。（中略）（1）サトウの同僚であったウイリアム・ウィリスが日本滞在の初期に関係のあった日本婦人で、ウィリスとの間に男児が生まれている。サトウは江夏八重の場合と同様、千野にもウィリスの遺産の一部を渡すように頼まれていた。

注⑧「敗北の外交官ロッシュ」　矢田部厚彦著　P348
彼の日本人妻お富は、小舟に乗って、ロッシュの乗船の後を追い、やがてそれが視界から消えるまで見送ったという。（中略）「この女性は普通のらしゃめんと違って、素性もよく、さる商人の娘だといふが、よく出来た女性で、四年間陰に陽に、よくロセスを慰めて暮らした」

注⑨「遠い崖―アーネスト・サトウ日記抄5」　萩原延壽著　P145
ある種の日本の物産が薩摩侯の委任を受けたド・モンブラン氏の監督の下にあたかも一独立国から出品されたかのような表示を付して、別個に展示されたことである。わたしはこの苦情を国務大臣兼万国博覧会副総裁に取り次ぎ、その解決を依頼した。」（ムスティエ外相よりロッシュへの訓令、一八六七年五月十八日付）
この訓令がロッシュにあたえた衝撃は想像にあまりある。パークスの対日政策の称揚といい、ロッシュの「経済活動」への警告といい、駐日公使として着任以来、ロッシュが積み重ねてきた努力を一挙に突き崩す感があったからである。

注⑩「アーネスト・サトウと討幕の時代」孫崎　享著　P170

グラバーは一八五九年九月十九日（安政六年八月二十三日）に長崎に来て貿易に従事します。一九一一年（明治四十四年）に日本で死去しています。波乱万丈の人生を送っていますが、外国人として破格の勲二等旭日重光章を授与されています。薩摩藩の五代友厚、森有礼、寺島宗則、長澤鼎らの海外留学をアレンジし、長州藩の井上聞多（馨）、遠藤謹助、山尾庸三、伊藤俊輔（博文）、野村弥吉（井上勝）のイギリス渡航にも関与しています。日本人女性ツルと結婚し、息子に倉場富三郎氏がいます。

注⑪「トーマス・グラバーの生涯」マイケル・ガーデナ著　P288

二〇世紀初頭には偏執狂的な軍国主義者によって行動を探られ、一九三〇年代の残忍な憲兵隊に尾行された。富三郎の妻ワカは、食糧の配給が少なく、緊張の高まった一九四三年に亡くなった。

注⑫「暗殺の幕末維新史」一坂太郎著　P132

明治の半ばころから関係者が重い口を開きはじめ、事件の真相が知られるようになる。忠光の姉中山慶子は、明治天皇の生母だった。勤王・尊王を唱える長州は保身のため、天皇の叔父を殺したことになる。それだけに、問題は大きかった。明治になり長府毛利家が男爵止まりだったのは、忠光暗殺が影響しているといわれる。

注⑬「アーネスト・サトウ公使日記Ｉ　コンパクト版」Ｅ・サトウ著　長岡祥三訳　Ｐ56
十月七日　今日、オコナーから受け取った個人的な手紙の内容について伊藤（博文）のところへ話に行く。（中略）彼は昔の話を切り出した。それは一八六八年の大阪で、大名に各自の領地の引き渡しを求めるという彼（木戸孝允）の考えを私に話し、私（サトウ）が大名を英国の貴族と同じような地位に置くことを勧めた話であった。しかし、もし大名に領地を持たせておけば、家来たちもそのまま維持されて、藩民意識が決して消えないだろうということが、彼にはわかっていたのだ。（中略）木戸は神戸で私に会いに来て、大名は領地をすべて引き渡さなければならないと言った。

注⑭「もう一度！　近現代史　明治のニッポン」　関口宏・保坂正康著　Ｐ99
保坂　西郷軍の兵士は一万三〇〇〇人もいたのに新政府軍の兵士はたったの三〇〇〇人でした。新政府軍は熊本城に籠城して、自分たちの四倍以上の敵と戦い、最後には勝つんです。
関口　その勝利のカギは、何だったんですか？

保坂　兵器です。西郷軍の一万二〇〇〇挺の銃に対し、新政府軍は四万五〇〇〇挺、しかも最新型のスナイドル銃を持っていた。西郷軍の使ったエンピール銃より簡単に弾を装填できます。また、新政府軍は最新の電信を使って、各地に戦況を伝え、素早く援軍を手配していました。

関口　新政府軍は弾薬もたくさん使っていたようですね。一七〇〇万発も輸入していたとか。

保坂　外国の武器商人から大量に買い込んだのです。西南戦争の際、政府は「勝つためにはいくらでも武器を買う」と言ったそうです。実際、国家予算が五千万円のときに、四千万円を西南戦争に使っています。

関口　ははぁ、戦争の裏で外国の武器商人が暗躍していたんだ！

保坂　そうです。僕たちは歴史を見るとき、その表面をなぞるだけではなく、こうした裏側も知っておく必要があると思いますね。政府の裏側には西欧の武器商人がいたということ、そして、そうい人々が紛争を起こさせ、武器を使わせるのだということを。（後略）

注⑮「西南戦争　遠い崖―アーネスト・サトウ日記抄13」萩原延壽　著P13

しかし、このときの西郷の来訪ぶりは異様であった。その模様をサトウはつぎのようにつたえている。

「西郷には約二十名の護衛が付き添っていた。かれらは西郷の動きを注意ぶかく監視していた。そのうちの四、五名は、西郷が入るなと命じたにも関わらず、西郷に付いて家の中へ入ると主張して譲らず、さらに二階へ上がり、ウィリスの居間へ入るとまで言い張った。（中略）

ここに書かれている西郷の姿は、あたかも「虜囚」のそれに似ている。（中略）最初、護衛たちがウィリスの家に入るのを西郷が静止したことからみても、西郷は旧知のサトウやウィリスに何かを語りたかったのかもしれない。

注⑯「日本奥地紀行」　イザベラ・バード著　高梨健吉訳　Ｐ４０
パークスが事実上は無制限というべき旅券を手に入れてくれた。道筋を明記しないで、東京以北の全日本と北海道の旅行を許可しているのである。この貴重な書類がなければ、私は逮捕されて領事館に送り戻されるかもしれない。（中略）旅券の申請は、「健康、植物の調査、あるいは科学的研究調査」の理由による。

注⑰「同書」Ｐ２２７
警察は私の旅券を見ただけで満足せずに、実際に私に会わなければいけないらしく、四人の警官が私の到着した晩にやって来て、鄭重ではあったが、私を検問した。

注⑱「同書」Ｐ２８６
彼らは日本政府に対して奇妙な恐怖—私にはばかばかしい恐怖と思われるのだが—を抱いている。役人たちが彼らを脅迫し酷い目にあわせているからだ、とシーボルト（Heinrich von Siebold オーストリア公使館書記官）氏は考えている。それはありうることだろう。しかし、開拓使庁が彼らに好意を持っており、アイヌ人を被征服民族としての圧迫的な束縛から解放し、さらに彼らを人道的に正当に取り扱っていることは、例えばアメリカ政府が北米インディアンを取り扱っているよりもはるかにまさる、と私は心から思っている。しかしながら彼らは無知である。

注⑲「明治維新とは何だったのか　世界史から考える」半藤一利・出口治明著　P204

半藤　そんなわけで、西南戦争の翌年に大久保利通が暗殺された後に、シビリアンコントロールを外して、軍隊が政府から独立しちゃったんですよ。天皇陛下（大元帥陛下）の直属の組織になったわけです。こんな形で軍隊を置く国は、プロイセン（のちのドイツ帝国）のほか、少なくも先進国、イギリスやフランスの中にはありません。

注⑳「アーネスト・サトウ公使日記Ⅰ　コンパクト版」E・サトウ著　長岡祥三訳　P34

八月九日　天皇皇后両陛下の謁見を受ける日である。（中略）後で長崎氏が翻訳して届けてくれた文章によると次の通りである。

「貴殿は我が国に長年にわたり滞在され、我が国の国情を熟知されております。貴殿の着任によって日英両国間の親善関係の中で育まれた温かい友情が、今後さらに促進されるものと信じ、誠に喜ばしく思っております」（中略）今度は皇后陛下に拝謁することになった。陛下はヨーロッパ風の服装をお召しになり、手袋をはめておられた。陛下は私に手を差し伸べて、「長い年月を経て、またお会いできたことを喜ばしく思います」と仰せになった。（中略）ついで陛下が「どのくらい長く日本を離れておいででしたか」とお尋ねになったので、「十二年前に日本を離れましたが、その以前は二十年間日本におりました」とお答えした。陛下はお言葉を継がれて、「あなたが任命されたことによって、両国間の友情の絆がいっそう緊密になることを確信しております」と仰せになった。そこで私は、「それを目標に最大の努力を傾注する所存です」とお答えした。ついで陛下が、「あなたは日本のことについて大そうな学者だと聞いています」とおっしゃったので、「私はまだまだ未熟者でございますし、それに長い間日本を離れていたので、話し方が大分下手になって、何か無作法なことを申し上げなかったかと心配しております」と申し上げた。それから陛下が再びお手を差し伸べられたので、そのお手を握って、ほとんど唇がつくくらい低く身をかがめ、一礼してから退出した。

注㉑「アーネスト・サトウ公使日記II　コンパクト版」　E・サトウ著　長岡祥三訳　P127

七月五日　朝比奈に百五十（円）。（収集してくれた文書代として五十円余分に払う。）朝比奈によれば、伊藤は、伊東巳代治を通じて働きかけてきた林有造の勧めに従って、地租増徴案を議会に提出したのだという。

注㉒「同書　Ｉ」Ｐ２６１

六月二十七日　（前略）青木は戦争の首謀者として最も積極的な人物だった。ロシア人たちによって外務省をおいだされてから、ドイツに赴任する前に、彼はロシアに反対するメモを書いて方々に配布したが、それが軍部の狂信的愛国主義を煽り立てる結果となったのだ。伊藤は戦争に賛成ではなかったが、陸奥は賛成派だった。

注㉓「同書　Ｉ」Ｐ２４３

四月十三日　ペテルブルクの公使館付武官ウォーターズ（Lt.Col.Waters）中佐が訪ねてきた。彼は次のように言った。シベリア鉄道は一九〇一年には完成の予定で、それにはチチハルや吉林を経由して満州を横断する路線も含んでいる。海路でウラジオストックに送られる軍隊は毎年一万人にも及ぶが、その他に陸路で輸送される軍隊もいる。その数は今年度は七千人になるだろう。東シベリアの軍隊は優秀で、ロシア人は日本軍を打ち負かす自信を持っている。ロシアが恐れているのは、日本を支援して英国が行動を起こすことである。（中略）彼と一緒に旅行しているロシアの砲兵将校ペトレンコを加えて三人で夕食をした。

注㉔「アーネスト・サトウ公使日記Ⅱ　コンパクト版」　E・サトウ著　長岡祥三訳　P428
日本政府は、サトウをできるだけ長く駐在させるよう駐英公使を通じて運動したが、これは却ってソールズベリー卿の猜疑心をかき立てる結果となったようだ。

注㉕「反日種族主義との闘争」　李　栄薫（前ソウル大学教授）編著　P17
高宗の密使派遣が言論機関によって報じられると、日本政府は大韓帝国の内政を掌握することを決め、その実行を伊藤博文統監に一任しました。伊藤統監は、日本の保護権を無視したという理由を挙げて高宗を退位させ、第三次韓日条約を締結しました。（中略）その六日後（中略）ロシア外相イズボルスキと駐ロシア日本大使本野一郎は、第二次日露協約に調印しました。この協約で二つの国は、大韓帝国と外モンゴルをそれぞれの特殊利益地域として相互認定しました。このとき日本は、事実上、大韓帝国併合に対するロシアの同意を得ました。このように、高宗のハーグ密使派遣は、亡国の歩みを促進させただけでした。

注㉖「反日種族主義　日韓危機の根源」　李栄薫（前ソウル大学教授）編著　P47
当時の米の生産量と輸出量の推移を図3―1を見ながら説明します。米の生産量は、当初一〇〇〇万石程度の水準から、起伏がありますが二〇〇〇万石を超える水準に二倍に上がりました。産米増殖計画を推進し、水利施設を整備し、肥料の投入を増やした結果です。一方、米の輸出量は、当初微々たる水準から出発し、やがて一〇〇〇万石近くにまで拡大し、多い時は生産の４０％が輸出され、収入になった。

注㉗「反日種族主義との闘争」李栄薫（前ソウル大学教授）編著　Ｐ２８６

一九〇九一〇月三〇日付のイギリスの雑誌「エコノミスト」誌は、「外国から現代的な行政システムの援助を受けたほうが、むしろ韓国の国民にとって利益となるだろう」と報じました。「日本が韓国を完全に支配すれば、大韓帝国の皇帝は権力を濫用し国民を搾取することができなくなり、両班もこれ以上民を搾取できなくなるだろう。併合されれば韓国という国はなくなるが、その国民は日本の支配下で、よりましな暮らしができるようになる」からでした。（中略）高宗にとって国家とは、中華帝国の国際秩序の中で、諸侯として封じられた一王家に過ぎませんでした。

注㉘「韓国併合への道　完全版」（日本に帰化した拓殖大学教授）呉善花著　Ｐ２３４

工業成長率は一九一四〜二七年に年平均五・三パーセント、二八〜四〇年には年平均一二・四パーセントと急速な成長を続けた。一九三一年には軽工業が工業生産額の六二パーセント、重化学工業（化学、金属、機械）が二五・六パーセントだったが、三九年には重化学工業が逆転している。

一人当りＧＤＰも生活物資の消費量も飛躍的に増大し、一九二〇〜三〇年代のＧＤＰは年間平均四パーセントほど上昇した（当時の世界の諸国では高くて二パーセント程度の成長率だった）。特筆すべきは人口が増えたことである。併合時の朝鮮半島の人口は一三一二万名（一九一〇年）だったが、併合時には最終的に二五一二万名（一九四四年）と二倍近くにまで増加している。それほど経済力が成長したのである。

あとがき

歴史に大きな関心を抱き探求する人たちの目指すところは幾つかあろう。筆者は〝賢者は歴史に学び、愚者は自らの経験に学ぶ〟を信条としてドイツを統一し近代国家にしたビスマルクの歴史観に賛同する。サムライ国家を近代国家に改革（reform）した明治維新の仕上げとして、国家体制の根幹になしたものが、ビスマルクのドイツ帝国憲法に学んだ大日本帝国憲法であった。それは、日本を近代国家にすることにとどまらず、軍部の独断と暴走をコントロールできないものする諸刃の剣であった。

戦後平和国家として世界に認められ、評価されてきた日本は、国際平和維持活動から令和になると中東地域情報収集活動を進めてきたが、このあと平和国家から変貌する危険はないか一抹の不安を覚える。大きな過ちを冒した歴史に学んでいるだろうか。

ポルトガルの火縄銃持ち込みが戦国時代を終焉させ徳川家康が天下を統一、徳川政権を永続させるため、鎖国に切り替えた。

もし鎖国をせずルソンやシァム等に雄飛する海洋国家になっていれば、日本民族という殻に閉じこもらず自己変革し発展する気風が日本人のＤＮＡに身に付き、進化を続けていたのではないだろうか。

しかし幕政は二百六十年も鎖国を続け日本人を飼いならしてきた。なお自己変革する者には身分をわきまえよと弾圧した。黒船という外圧なければ、自ら開国などしなかった。米国等に無条件降伏し、裁判と処罰と新憲法をお任せしなければ、自ら戦争犯罪の徹底した裁判はできず、処刑も出来なかったし、軍隊を保有しないという平和憲法は制定できなかったであろう。日本は敗戦の瓦礫の中から必死の思いで再起し、奇跡的な高度経済成長を成し遂げ米国のGDPに追いつき、JAPAN as No.1と自画自賛した。しかしその栄光は20年も続かず、今没落しつつある。その原因の一つは、歴史を学ばず自己変革できず、日本のガラパゴス化で良いとしてしまったことにあるのではないだろうか。そこに、辛いことではあるが、自己変革のDNAを醸成できなかった日本の限界を感ずる。

日本の開国から日清・日露戦争を経て大韓帝国併合に至る第一幕は一旦締めくくる。このあと第二幕は、満州事変、日中戦争を経て太平洋戦争を戦い抜いた大日本帝国は国力を使い果たし、原爆を二発も投下され、日本史上最大の日本壊滅の危機となる。それを救うのが全国民周知の昭和天皇の御聖断になる。

明治から平成に至るまでを、この書と同じように諸外国との外交面の視点から叙述した、拙著「昭和天皇退位せず」（青山ライフ出版）も併せてお読み頂ければ、これほどありがたいことはない。

この二冊の書を以て、日本の近代と現代を通史に仕上げられたことに安堵している。

外国人として詳しく取り上げたのはアーネスト・サトウである。養蚕の実情視察のため信州上田の養蚕農家を訪れ、筆者の郷里である更級郡を歩き、開港予定地の新潟まで足を延ばしている。サトウがほぼ一世紀前に更級の地に足跡を残していたことは、サトウとの微かな繋がりを感じ、世界は連動していることを改めて感じた。そして家事から解放してこの執筆に専念させてくれた妻に感謝し、この書を完了したい。

二〇二一年（令和三年）三月

初春令月　気淑風和の更級の地で

更級悠哉

近代日本の黎明

幕末・明治の外交交渉と外国人

著者　更級 悠哉

発行日　2021 年 7 月 8 日
発行者　高橋 範夫
発行所　青山ライフ出版株式会社
〒 108-0014
東京都港区芝 5-13-11 第 2 二葉ビル 401
TEL：03-6683-8252　FAX：03-6683-8270
http://aoyamalife.co.jp
info@aoyamalife.co.jp

発売元　株式会社星雲社（共同出版社・流通責任出版社）
〒 112-0005 東京都文京区水道 1-3-30
TEL：03-3868-3275
FAX：03-3868-6588

印刷・製本　モリモト印刷
装幀　溝上 なおこ

ISBN978-4-434-29035-0